AF344205

LE CASTOIEMENT

OU

INSTRUCTION

DU PERE A SON FILS.

Ouvrage Moral en vers, composé dans le treizieme siecle.

Suivi de quelques pieces historiques, & morales aussi en vers & du même siecle.

Le tout précédé d'une Dissertation sur la Langue des Celtes.

Avec quelques nouvelles observations sur les étimologies.

A LAUZANNE, & se trouve,

A PARIS,

Chez CHAUBERT, Quai des Augustins, à la Rénomée,

Et CLAUDE HERISSANT, Imprimeur, rue Notre-Dame, à la Croix d'or.

M. DCC. LX.

A

MONSEIGNEUR

L'AVOCAT GENERAL.*

MONSEIGNEUR,

L'Ouvrage dont je suis l'Editeur, est une des meilleures productions du treizieme siecle. Votre illustre Pere l'avoit distingué entre plusieurs autres, que j'avois eu l'honeur de lui communiquer. Il avoit desiré que cette piece, si longtemps ignorée, pût se répandre par la voie de l'impression; & ses bontés

*Messire Omer Joly De Fleury, Chevalier Seigneur de la Valette, la Mousse, Briosne & autres lieux. Conseiller ordinaire du Roi en son Conseil d'Etat, Premier Avocat General de Sa Majesté au Parlement, & Conseiller d'honeur en son Grand Conseil.

pour moi, lui en avoient fait accepter
la dédicace. A qui puis-je mieux l'offrir
aujourd'hui, Monseigneur, qu'à un
Fils, son succeffeur dans une de ses
places éminentes, & l'héritier de ses
talens & de ses vertus? Un Pere qui
iuftruit son Fils, qui lui prescrit la
maniere de se conduire dans le monde,
qui lui indique les routes qu'il doit
suivre, & celles qu'il doit éviter, eft
un sujet d'autant plus digne de vous
être présenté, qu'il eft l'image fidelle
de l'auteur de vos jours. Nous sçavons
tous à quel degré il poffedoit l'art &
le talent d'inftruire; vous en êtes,
Monseigneur, une preuve éclatante;
mais ses inftructions ne se bornoient
point à ses seuls Enfans; ses lumieres
brillerent aux yeux de toute la France,
& de l'Augufte Sénat, dont il fut long-
temps un des principaux ornemens. Il
aimoit à se communiquer, & ceux qui
le confultoient, étoient aussi satisfaits

de *ses solutions*, qu'enchantés de *sa
politesse*. Orné de toutes les vertus
Morales, Chrétienes & Politiques, il
étoit bon mari, bon pere, bon citoyen
& bon ami. Il aimoit & protegeoit la
Religion, chérissoit & soutenoit les gens
de bien autant qu'il détestoit & faisoit
punir les méchans. Rome eût fait élever
des monumens à sa gloire, mais il a
sçu en graver lui-même dans nos cœurs,
& dans les écrits publics qui ne s'effa-
ceront jamais. Oui la perte de ce grand
homme sera toujours présente à notre
souvenir. Si quelque chose peut contri-
buer à nous la rendre moins sensible,
c'est de nous avoir laissé trois Fils, qui
profitant de ses solides leçons, marchent
si exactement sur ses traces. Un nom
comme le Vôtre, Monseigneur, à la
tête de ce petit Ouvrage, ne contribuera
pas peu à le faire accueillir favorablement du Public. Je vous prie de le
recevoir comme un hommage qui vous

est dû, comme une marque sincere de la profonde veneration que je conserverai toute ma vie pour la memoire d'un de nos plus grands, & de nos plus sçavants Magistrats, enfin comme une preuve du profond respect avec lequel je suis :

MONSEIGNEUR,

Votre très-humble & très-obeïssant serviteur,
BARBAZAN.

PREFACE.

L'Acueil que l'on a fait aux Fabliaux & à l'Ordene de Chevalerie me perfuade que le Recueil que je done aujourd'hui, ne fera pas moins favorablement reçu du Public.

Il contient des Poëfies morales & hiftoriques pour lefquelles plufieurs perfones m'ont marqué quelqu'empreffement.

Il feroit à fouhaiter que l'on pût doner les ouvrages de tous nos anciens Auteurs, rien ne nous inftruiroit mieux des ufages & des mœurs de nos peres, rien auffi ne nous éclairciroit davantage fur l'origine, & fur les variations de notre Langue.

C'étoit le projet de l'illuftre M. Joly de Fleury ancien Procureur General, l'un des plus grands, & des plus éclairés

Magiſtrats que jamais la France ait eu. Tout le monde a connu ſon amour pour ſa Patrie & pour le bien de l'Etat ; mais la mort nous l'a enlevé trop tôt. Nous ſommes redevables à ce grand home des précieux manuſcrits de Monſieur Du Puis, qui ſans lui nous auroient été enlevés par l'étranger.

Je ne m'étendrai pas davantage ſur les éloges qu'il mérite à tous égards , M. le Beau l'ainé *, ſi connu par ſa profonde érudition & par la juſteſſe de ſon eſprit, l'a peint au vrai & n'a rien laiſſé à deſirer dans l'Epitaphe qu'il a faite, & qui eſt poſée dans l'Egliſe de S. André des Arts, lieu de la ſepulture de cette Maiſon , dont je joins une copie cy-après.

M. Guichard qui s'eſt fait connoître par quelques ouvrages de Poëſie qu'il a donés au Public, a voulu partager la

* M. le Beau l'ainé eſt de l'Académie des Inſcriptions & Belles Lettres.

gloire

gloire de M. le Beau , en donant une imitation en vers de l'Epitaphe Latine. J'espere que les sentimens de ces deux Auteurs , seront d'autant plus agréés qu'ils sont en cette partie l'écho de la façon de penser du Public sur ce grand home.

Quelques persones m'ont reproché que j'avois poussé mon sentiment trop loin , dans ma Dissertation sur l'origine de la Langue Francoise , en disant qu'elle est toute Latine. Je ne suis pas seul de ce sentiment , il est adopté par tous les Sçavans. D'ailleurs je me suis exprimé page 25. sans équivoque , j'y dis simplement , que tout le fonds de notre Langue vient de celle des Latins.

Je n'ai jamais entendu soutenir , que tous les noms des lieux , des animaux , oiseaux , poissons , coquillages , plantes , vêtemens , étoffes & outils d'artisans , vinssent du Latin , principalement ceux donés depuis environ trois siecles.

Les Latins n'ont pu doner des noms qu'a ceux des lieux, des animaux &c. qu'ils connoiſſoient; & non à ceux qu'ils ne connoiſſoient pas.

La plûpart des animaux, oiſeaux, plantes, &c. ont été nommés ſoit relativement à leur propriété, ou figure, ſoit du nom des perſones qui les premieres en ont pris, & en ont fait uſage.

Les étoffes pour la plûpart, les vêtemens & outils, portent les noms des inventeurs & fabricateurs.

Mais quant au fonds des Langues Françoiſe, Italiene, Eſpagnole & Portugaiſe, il eſt conſtant qu'il eſt émané de la Latine.

M. le Marquis de Maffei Auteur celebre, ne balance pas à ſoutenir affirmativement que le fonds de la Langue Italiene n'eſt puiſé que dans la Latine. M. de San-Severino, qui joint à une grande juſteſſe d'eſprit une profonde érudition, vient de nous doner un Eſſai

ou Diſſertation ſur l'origine de cette Langue, dans ſon premier volume du *Genie
de la litterature Italienne*, dans lequel
il demontre juſqu'à l'évidence qu'elle eſt
pour le fonds entierement Latine.

S'il ſe trouve dans la Langue Italiene
& dans la Françoiſe quelques mots qui
ont quelque reſſemblance avec ceux des
Langues du Nord, on ne doit pas en
conclure que nous les tenions de ces
peuples, mais il doit paſſer pour conſtant, que ces mêmes peuples & nous,
les avons pris du Latin.

Je ne m'étendrai pas davantage, ſur
cette matiere, elle mérite un traité ſépa-
ré ſoutenu d'exemples, que nous ſoumet-
trons inceſſamment au jugement des
Sçavants, & du Public, en lui mettant
ſous les yeux tous nos anciens Poëtes
François, juſqu'à préſent ignorés, avec un
extrait de toutes leurs productions, &
dans lequel nous indiquerons les manuſcrits, où ils ont été conſervés.

EPITAPHE

DE M. JOLY DE FLEURY,

Ancien Procureur General.

D. O. M.

HIC JACET

Guillelmus-Franciscus JOLY DE FLEURY
Ex nobilis Magistratûs gremio oriundus,
Supremi Senatûs lumen & columna.
Ad sublimiores Oratoris & Procuratoris Catho-
lici gradus evectus,
Utrique muneri non impar,
Legum Minister, fuit & ipse lex loquens.
Eloquentiâ, labore, doctrinâ,
Regi, Patriæ, ordinibus omnibus,
Æquè deditus, æquè commendatus, æquè
acceptus,
Sapientiâ, comitate, justitiâ, in admiratione,
fuit & amore.
Temporibus procellosis & in negotiis intricatis-
simis
Semper idem, semper sui compos; veri &
justi tenax.
Nunquam consilio & ratione defectus est, vir
prudens & providus.
A publico munere sponte semotus;
Otium ejus labor intensior.

Ad religiosa & pacifica comitia fiduciâ Principis
Non semel evocatus.
Ecclesiæ & Imperii jura inexhaustâ eruditione
asseruit,
Enucleatius elucidavit.
Uxori mente & animo addictus, liberorum &
amicus & Parens;
Parcus victu, habitu modestus, avitæ tenuitatis
Æmulator severus.
Laborem assiduum prece interpungebat
Vera in Deum Pietate conspicuus.

Electissima Conjux et liberi Marito
Parentique carissimo posuere.
Vixit annos 80. menses 4. dies 14.
Obiit anno reparatæ salutis. M. DCC. LVI.
Die 25. Martii, horâ octavâ matutinâ.

IMITATION

De l'Epitaphe précédente.

Avec nos cœurs sous ce Marbre repose
La cendre de FLEURY, ce docte Magistrat,
Colonne & soleil du Senat,
Dont le vaste génie embrassant toute chose
Se joüoit à son gré des sublimes emplois,
Et qui Ministre pur des Loix,
En fut lui-même une parlante.
On le chérit autant qu'on l'admira.
Laborieuse, éclairée, éloquente,
Son ame à la Patrie, au Roi se consacra,
Vrai, juste, constamment le même,
Dans les temps les plus orageux
Brilla sa sagesse suprême.
Ami, Parent, Epoux, il gagna tous les vœux,
Il se montra l'imitateur sévère
Des qualités de ses Ayeux;
Frugal, simple au dehors, modeste au fond,
pieux,
S'il quittoit le travail, c'étoit pour la priére:
Il n'est plus! Mais du Ciel ineffable bonté!
Le Ciel veut qu'il revive en sa Postérité.

TABLE.

DISSERTATION

DISSERTATION

SUR LA LANGUE

DES

CELTES OU GAULOIS.

SI l'origine des peuples, qui ont habité les premiers cette partie de l'Europe que nous appellons la France, nous étoit connue, il ne seroit pas impossible de découvrir la Langue dont ils se servoient ; mais toutes les recherches qu'on peut faire sur cette question ne se terminent qu'à des incertitudes. Les uns les font venir de la Phénicie, les autres de cette partie de la Grece nommée Dorie ; Ceux-ci prétendent qu'ils étoient originaires de la Scythie, & ceux-là veulent qu'ils fuſſent Phrygiens. Les uns & les autres ont cherché à établir le ſentiment auquel ils ont donné la préférence ſur des témoignages de l'antiquité; mais lorſqu'on vient à examiner ce qu'ils ont produit, on n'apperçoit que de ſimples allégations, ou tout au plus que des conjectures deſtituées de fondement. Tout ce qu'on peut aſſurer, c'eſt qu'ils ſe nommoient eux-mêmes Celtes, & qu'ils étoient ainſi appellés par les autres peuples. Les noms de Gaulois & de Galates, qui ont vrai-ſemblablement la même origine que celui de Celtes, & ſous leſquels ils ſont connus dans les Auteurs Grecs & Latins ne leur ont été donnés que poſtérieurement (a).

(a) Pauſan. Attic. III. Ὀψὲ δὲ αὐτοὺς καλεῖσθαι Γαλάτας ἐξενίκησε. Κελτοὶ γὰρ κατά τε σφᾶς, ᾗ παρ' ἄλλοις ὠνομάζοντα.

Ces Celtes avoient, comme les autres peuples de la terre, une Langue pour communiquer les uns avec les autres; mais quelle étoit cette Langue? Le défaut de monumens ne nous permet point de rien assurer. Etoit-elle la même dans toute l'étendue des Gaules, ou étoit elle différente dans ses diverses parties? César semble dire que la Langue qui se parloit dans une partie n'étoit pas la même que celle dont on se servoit dans une autre. Après avoir observé que toute la Gaule étoit divisée en trois parties, la Belgique, l'Aquitaine & la Celtique, il ajoute *(a)*. que les loix, les usages & la Langue de ces trois parties n'étoient pas les mêmes; mais cette expression de César peut

(a) Cæf. de Bell. Call. Lib. I. *Gallia est omnis divisa in partes tres, quarum unam incolunt Belgæ, aliam Aquitani, tertiam qui ipsorum linguâ Celtæ, nostrâ Galli, appellantur. Hi omnes linguâ, institutis, legibus inter se differunt.*

n'indiquer que différens dialectes, qui ne
changeant rien au fond de la Langue,
différoient assez pour faire croire à un
étranger que ce n'étoit pas la même
Langue. C'étoit assez la maniere dont
les anciens jugeoient des Langues. Un
tour différent, des variations marquées
dans la prononciation suffisoient pour
leur en faire conclure la diversité. La
même chose arriveroit encore aujour-
d'hui à un homme qui, n'ayant aucune connoissance de la Langue Françoise viendroit en France. Si après avoir
entendu parler les habitans de la Capitale & ceux de l'Isle de France, il entendoit ensuite les Auvergnats, les Li-
mosins, les Gascons, les Languedociens
& autres, ne s'imagineroit-il point qu'il
y auroit différentes Langues dans le
Royaume, quoique dans le fond ce soit
par-tout la même, & qu'elle ne soit
différenciée que par ses dialectes ? Ce
jugement que je porte de la Langue des

Celtes & l'interprétation que je donne
au texte du Capitaine Romain est ap-
puyée de l'autorité de Strabon. Ce Géo-
graphe parlant de ces peuples s'exprime
d'abord comme César. Il dit , comme
lui , qu'ils n'ont pas tous la même Langue ; mais il ajoûte (*a*), qu'elle est un
peu variée dans les différentes provinces. Cette addition restraint la premiere
partie de sa proposition ; & prouve qu'il
n'a point cru que les Langues qui se
parloient chez les Celtes fussent réelle-
ment différentes ; car de légeres ou de
petites variations ne changent point une
Langue ; elles ne produisent que différens dialectes, dans lesquels on retrouve
toujours le même fond & le même
génie.

Cette Langue, quelle qu'elle fut, a
du subir , même avant le temps de

(a) Strab. Lib. IV. p. 122. Ὁμογλώττους δ' ο
σπάντας , ἀλλ' ἐνίους μικρὸν παραλλάττοντας ταῖς
γλώτταις.

Céfar, le fort de toutes les Langues
vivantes, c'eft-à-dire, s'altérer, ou recevoir des accroiffemens par le com-
merce avec les peuples voifins. Les
Phocéens qui s'établirent à Marfeille
fix cents ans avant l'Ere Chrétienne, &
qui y fonderent une république riche
& puiffante communiquerent à leurs
voifins plufieurs termes de leur Langue.
Le féjour d'Annibal dans les Gaules,
fur-tout dans la Province d'Aquitaine
& dans celle qui porta depuis le nom
de Gaule Narbonnoife, introduifit auffi
dans la Langue des Celtes divers mots
Puniques. Plufieurs habitans de ces Provinces fervans dans les armées des Car-
thaginois y apprenoient leur Langue.
Polybe nous parle d'un Celte ou Gaulois
nommé Autarit (a) qui avoit appris le
Punique pendant le temps qu'il avoit
fervi avec eux ; & le même Auteur nous

(a) Polyb. Lib. I. p. 80. Πάλαι στρατευόμενος
(Αὐταρίτος) ᾔδει διαλέγεσθαι φοινικιστί.

apprend que ceux des Gaulois qui s'étoient enrollés dans leur milice ai-moient à converser ensemble dans la Langue qu'ils avoient apprise & parlée dans leur camp (*a*). Ces soldats de retour dans leur patrie y rapporterent plusieurs termes qui furent incorporés dans la Langue du pays. C'est ainsi que nos Croisés revenant de leurs expéditions dans l'Orient nous ont communiqué l'usage de plusieurs termes qu'ils avoient entendu souvent prononcer dans la Grece, dans la Syrie & dans l'Egypte. La même chose est arrivée de la part des Romains, lorsqu'ils se furent rendus maîtres de la Provence & de l'Aquitaine. Les Colonies qu'ils y établirent environ six vingts ans avant l'Ere Chrétienne y apporterent l'usage de la Langue Latine & en communiquerent dif-

(*a*) Polyb. ibid. p. 81. Ταῦτη δὲ οἱ πλείςοι συνε-σαίνονlο τῇ διαλέκlῳ διὰ τὸ μῆκος τῆς προγεγεννή-μης τῆς ςραlίιας.

férens termes à leurs voifins. Tel devoit être avant Céfar, & lors de fon expédition dans les Gaules, l'état de la Langue Celtique. C'étoit l'ancien idiome du pays mêlé de différens termes des Langues Grecque, Punique & Romaine.

Quant aux lettres ou caractères les anciens Celtes n'en avoient point l'ufage. Leur Religion, leurs Loix, les actions célèbres de ceux qui s'étoient diftingués parmi eux ne fe confervoient que par tradition dans des *Carmes* que leurs jeunes gens apprenoient fous la difcipline des Druides (a). Cette ignorance leur étoit

(a) Cæf. de Bell. Gall. Lib. VI. *Druides à bello abeffe confueverunt, neque tributa cum reliquis pendunt, militiæ vacationem omniumque rerum habent immunitatem. Tantis excitati præmiis & fuâ fponte multi in difciplinam conveniunt, & à parentibus propinquifque mittuntur. Magnum ibi numerum Verfuum difcere dicuntur. Itaque nonnulli annos vicenos in difciplinâ permanent; neque fas effe exiftimant ea litteris mandare.*

commune

commune avec d'autres peuples. Andro-
sion ancien Historien cité par Elien *(a)*,
nous apprend qu'aucun ancien Thrace
n'avoit l'usage des lettres, que tous les
Barbares qui habitoient l'Europe, dans
lesquels les Celtes étoient compris, jugeoient qu'il étoit honteux de les connoître, & que ceux qui demeuroient en
Asie en faisoient peu de cas. D'autres nations persévererent plus long-temps que
les Celtes dans cette ignorance. Si l'on
s'en rapporte au témoignage de l'Historien Socrate *(b)*, les Gots ne reçurent
l'usage de l'Ecriture que trois cent
soixante-dix ans après Jesus – Christ,
d'Ulfila leur Evêque. Ce fut, dit-on,
saint Jérôme, qui quelques années après
donna aux peuples de la Dalmatie les
caracteres dont ils se servirent depuis,

(*a*) Ælian. Var. Hist. Lib. VIII. C VI.
(*b*) Socrat. Hist. Eccl. Lib. IV. c. 33. Τότε δὲ
ἡ Οὐλφίλας ὁ τῶν Γότθων ἐπίσκοπος γράμματα
ἐφεῦρε γοτθικά.

& dans le fiecle fuivant. Saint Cyrille en donna auffi à ceux de l'Illyrie *(a)*. Les Efclavons ne commencerent à les con- noître que vers le milieu du neuviéme fiecle, dans lequel ils adopterent les ca- racteres qui leur furent enfeignés par le Philofophe Methodius *(b)*. Les Celtes cependant avoient, du temps de César, des caracteres *(c)* dont ils fe fervoient dans leurs comptes particuliers & pu- blics; mais comme ces caracteres étoient Grecs, ils ne pouvoient être de la pre- miere antiquité. Les Celtes ne les re-

(a) Walt. Proleg. II. 5. 13. *Hieronymum verò litteras Græcis fatis affines Dalmatis tradidiffe, una cum verfione Bibliorum vernaculá, alias verò à Cyrillo inventas Illiricis traditas, ipforum libri iftis characteribus confcripti qui ab eorum inventoribus adhuc Hyeronymiani & Cyrilliani dicuntur, hodie teftantur.*

(b) Avent. Annal. Lib. IV.

(c) Cæf. de Bell. Gall. Lib. VI. *Cùm in reli- quis ferè rebus publicis privatisque rationibus Græcis litteris utantur.*

noient que des Phocéens , encore ne furent ils point adoptés dans toutes les Gaules , car ils ne pénétrerent point dans la Septentrionale ou la Belgique. On peut le conclure d'un fait rapporté par César. Q. Ciceron étant assiégé par les peuples de Tréves , César qui vouloir avoir de ses nouvelles & lui donner des siennes , lui écrivit en caracteres Grecs, de peur que ses desseins ne fussent découverts par ses ennemis (a). Cette précaution devenoit inutile , si ces caractores étoient connus & en usage dans cette partie de la Gaule.

La révolution arrivée dans les Gaules par les conquêtes des Romains environ quarante cinq ans avant l'Ere

(a) Cæs. ibid. Lib. V. *Ibi ex Captivis cognoscit quæ apud Ciceronem gerantur , quantoque periculo res sit ; tum cuidam ex Equitibus Gallis magnis præmiis persuadet , ut ad Ciceronem epistolam perferat. Hanc Græcis conscriptam litteris mittit , ne interceptâ epistolâ , nostra ab hostibus consilia cognoscantur.*

b ij

Chrétienne en occasionna une dans la Langue & les caracteres des Celtes. Un des articles de la politique de ces conquérans étoit que leur Langue fût aussi étendue que leur Empire. Ils ne traitoient qu'en Latin avec tous ceux avec lesquels ils avoient quelque affaire, & ils ne souffroient point que les autres traitassent avec eux dans une autre Langue (*a*). Cette nécessité imposée sur tout aux vaincus rendit la Langue Latine commune dans les Gaules, & y abolit

(*a*) Valer. Max. Lib. 2. §. 2. *Magistratus verò prisci quantoperè suam populique Romani majestatem retinentes se gesserint, hinc cognosci potest, quòd inter cætera obtinendæ gravitatis indicia, illud quoque magnâ cum perseverantiâ custodiebant, ne Græcis unquàm, nisi Latinè, responsa darent. Quin etiam ipsâ linguæ volubilitate quâ plurimum valent excussâ, per interpretem loqui cogebant, non in urbe tantum nostrâ, sed etiam in Græciâ & Asia; quò scilicet Latinæ vocis honos per omnes gentes venerabilior diffunderetur.*

insensiblement le Celtique, de maniere qu'il n'en resta rien, ou presque rien ; car on doit compter pour rien quelques termes de cette ancienne Langue, qui subsistent peut être encore dans quelques noms de lieux ou de villes.

Cette proposition qu'il ne s'est rien conservé ou presque rien de la Langue Celtique a contre elle de grands noms. Des Sçavans distingués dans la République des Lettres, les uns ont prétendu qu'il s'étoit transmis un grand nombre de mots Celtiques dans la Langue Françoise telle même qu'elle se parle aujourd'hui, & les autres ont cru que le Celtique subsistoit encore en son entier dans la Langue Arémorique qui est en usage dans la Basse Bretagne. La prévention en faveur de l'ancienne Langue des Celtes a été même portée si loin par quelques-uns, qu'ils l'ont regardée comme la Langue primitive ; & comme s'ils eussent connu tous les termes de cette Langue, &

qu'ils euſſent été au fait de ſon génie
particulier, ils n'ont pas craint d'avancer que ſans le ſecours de ce qu'ils ont
imaginé être l'ancien Celtique, il étoit
impoſſible d'entendre les Langues Orien-
tales.

Qu'il me ſoit permis de le dire, ces
différentes aſſertions ne ſont que des
ſyſtêmes qui portent à faux & qui n'ont
aucun fondement ſolide. L'aveu fait par
la plupart des Sçavans qu'il ne reſte
aucune piece de comparaiſon pour juger
de la conformité de ce qu'ils prétendent être l'ancien Celtique, ſoit avec
notre François actuel, ſoit avec le bas
Breton, auroit du ſeul les arrêter & leur
faire entrevoir que toutes leurs recherches, quelque érudites qu'elles fuſſent
ne les conduiroſent à rien ſurquoi ils
puſſent compter. Je ne détaillerai point
ici les aveux de ces différens Sçavans,
je me contenterai de rapporter celui de
l'éditeur du Dictionnaire bas Breton,

compofé par D. Le Pelletier Religieux
Bénédictin de la Congrégation de faint
Maur. Ce Sçavant éditeur remarque dans
fa Préface qu'il n'eft pas furprenant que
cette Langue, c'eft-à-dire, le bas Breton, que l'on confond avec l'ancien Celtique, foit aujourd'hui fi peu abondante,
parce qu'il ne nous en refte prefque aucun monument. Son expreffion modifiée
par ce *prefque* fembleroit infinuer qu'il
en a du moins découvert un que fon
antiquité doit nous rendre refpectable ;
mais il nous raffure en nous annonçant
immédiatement après que fes découvertes ne remontent pas au delà du milieu
du quinziéme fiecle. » Le plus ancien
» monument, dit-il, qu'ait trouvé Dom
» Le Pelletier eft un manufcrit de 1450.
» qui eft un recueil de prédictions d'un
» prétendu Prophete nommé Gwinglaff,
» Il a tiré quelques fecours de la vie
» de S. Gwénolé premier Abbé de Lan-
» devenec écrite en vers, & un petit

» Drame dont le ſujet eſt la priſe de
» Jéruſalem par l'Empereur Tite. Enfin
» il a trouvé un ancien livre Breton à
» l'uſage des Curés, eſpece de Diction-
» naire des Cas de Conſcience. Ce qu'il
» y a d'étonnant, ajoûte cet Editeur,
» c'eſt que l'on ne trouve pas un ſeul
» acte écrit en bas Breton. « N'avoir
trouvé des monumens que de cette date,
c'eſt n'en avoir trouvé aucun, & comment ſans aucun monument peut-on
aſſurer la conformité du langage bas
Breton avec le Celtique ? S'il ne reſte
aucun acte de cette derniere Langue,
peut-on prononcer avec quelque certi-
tude qu'un mot ſoit véritablement de
l'ancienne Langue des Celtes ?

Ce qui paroît démontrer que la Langue Arémorique, ou le bas Breton ne
nous repréſente point l'ancien Celtique,
c'eſt que l'origine des termes uſités dans
cette Langue ſe retrouve dans le Grec,
dans le Latin & dans les autres Langues

actuellement

actuellement exiſtantes en Europe, ce
qui donne lieu de conclure qu'elle n'eſt
qu'un jargon compoſé de différens dialectes mal entendus & mal prononcés.
Je crois que le Lecteur tirera cette
même conſéquence avec moi, lorſqu'il
aura vu la comparaiſon que je vais
lui mettre ſous les yeux des mots bas
Bretons avec le Latin & même avec le
François; mais auparavant je le prie de
ſe rappeller ce que j'ai dit dans ma Diſſertation ſur la Langue Françoiſe du
changement des lettres voyelles en con-
ſones qui ſe confondent & s'employent
ſouvent indifféremment l'une pour l'autre, dans le bas Breton comme dans
notre François.

Le mot bas Breton *Aber* n'eſt pas
plus reſſemblant au mot Latin *Apertura*
que notre mot François *Havre*. L'un &
l'autre ayant la même ſignification, ont
auſſi la même origine. Car un Havre
eſt-il autre choſe qu'une ouverture

Nous avons dans notre ancien François le mot *Havreure* pour fignifier une ouverture, une fente, une plaie.

Les bas Bretons, difent *Aboftol*, *Ebyftel* & *Ebyftil* pour dire Apôtre, Pontife. Nous avons dit anciennement *Apoftole* & *Apoftoile*, en Latin *Apoftolus* qui fignifie Apôtre, envoyé, meffager.

Altaer, *Autaer*, en bas Breton eft nôtre ancien mot François *Altier*, *Autier*, à Bordeaux *Autar*, & en Latin *Altare*, Autel.

Aclouet le fer d'une aiguillette eft notre mot François aiguillette & en Latin *aculeus*.

Arach, *Arched*, qui en bas Breton fignifie coffre, cerceuil, n'eft-il pas le mot François & Allemand *Arche* & le Latin *Arca*?

Armel pour Armoire eft évidemment le Latin *Armarium*.

Afcoan eft un mot bas Breton qui fert à défigner un repas qu'on faifoit après ſouper, un reveillon, ou *media nox*, en Italien *media noche. As* en baſſe Bretagne eſt la particule itérative qui répond à notre *re* François, & à l'*iterùm* des Latins. Ainſi c'eſt *iterum cænare.* Perſonne ne diſconviendra que le *coan* bas Breton ne ſoit le mot Latin *cæna.*

Addoli, *Aʒeuli* qui ſignifie en bas Breton adorer, paroît bien éloigné du Latin *adorare*, mais il n'en vient pas moins. Les Lettres ʒ, *d*, & *c.* étoient ſouvent employées les unes pour les autres dans notre ancien François. On verra dans la ſuite des différences encore plus grandes.

Le mot *bilain* & *bilen* en bas Breton, & le mot François *villain* viennent également du Latin *villanus* & ſignifie dans ces trois Langues un payſan.

Branck, en François branche eſt le *brachium* des Latins.

Cael, en François grille, cloture,

treillage n'est-il pas le *cancelli* des Latins qui a ces significations ?

Candi & *Canti* pour signifier en bas
Breton une blanchisserie, est certainement relatif au *candidus* des Latins.

Cenglen, une sangle est sans doute le
cingulum Latin.

Une syllabe retranchée du mot Latin
cathedra en François chaire & chaise a
formé le mot Breton *cadoer* & *cador*
qui a la même signification par le changement du *t*, en *d*.

Du Latin *taberna* par le même changement nous avons fait *cabaret* & les
bas Bretons *caborel*, ou sans changer la
lettre initiale du Latin *caverna* dans
Ciceron, ou de *cavernacula* dans Pline.
Anciennement les cabarets, ou tavernes
étoient dans des cavernes ou petites maisons hors des villes.

Par le changement d'une *r* en *l* nous
avons fait du Latin *contrarius* notre
ancien mot *contralier* & les Bretons ont

fait *contrall*, *controll*, refifter, contrarier. Le mot Latin eft la fource de notre mot François d'aujourd'hui *control-*
ler, qui à la vérité a bien changé fur
la route, mais qui n'en eft pas moins
le même mot, quoique déguifé. Con-
troller quelqu'un eft le contredire, le
contrarier, n'être pas de fon avis.

Par le changement du *p.* en *f.* les bas
Bretons ont fait de *corpus*, *corf* & nous
corps.

En changeant l'*u* en *n*, ils ont fait de
cultellus, *contell*, nous difions anciennement *coutel*, aujourd'hui couteau.

Il faut être bien prévenu en faveur du
Celtique pour dériver le mot bas Breton
croas, *croes* du prétendu Gaulois *crok*
crochet; n'eft-ce pas notre mot *croix*
& le Latin *crux*. Un étranger qui ne
fçauroit pas parfaitement notre Langue,
à qui l'on dicteroit ces mots, *croix*,
bois, *pois*, *roys*, ne les écriroit-il pas
croes, *boes*, *poes*, ou *croas*, *boas*,

poas, *roas*, si on les prononçoit, comme certaines gens les prononcent encore aujourd'hui.

Les bas Bretons disent *croassem*, *croassent* pour exprimer un carrefour, un endroit où aboutissent quatre chemins ou quatre rues. Ce mot est formé de *crux* & de *semita*, chemin, sentier en croix.

Discredi en bas Breton signifie soupçonner. *Dis* est une particule négative qu'ont aussi les Latins & les François. Soupçonner, ou discroite, c'est ne pas ajoûter foi à ce que dit une personne, c'est soupçonner sa fidélité. Un homme en discrédit est un homme à qui on ne se fie point.

Direis en bas Breton exprime un homme déraisonnable. Qu'est un homme déreglé ou déraisonnable, sinon un homme hors de raison, hors de la regle, hors de la raie ? *Reis* dans notre ancien François signifie un rayon, un trait de regle, une raie. Un *direis* est donc un homme hors de ſa raie, *foras, extrà radium, regulam.*

Diſtrakein, qui ſignifie décroter, a trop d'analogie avec le Latin *diſtrahère* pour nier qu'il n'en vienne.

Diſt la beza ôter les taches, c'eſt *diſtrahere labes.*

Diſſouch, relacher, vient clairement de *diſſolvere.*

Doſſen butte de terre, chez nous *dos* eſt le *dorſum* des Latins.

Loc & *log,* qui en bas Breton ſignifie lieu, ſe tirent ſans beaucoup d'efforts du *locus* des Latins,

Lorbour eſt un trompeur, un homme qui amuſe par des paroles vagues, ſans fondement & ſans ſolidité. Nous avons dans notre ancien François le mot *labes* pour ſignifier des diſcours ſans fondement. *Lober* qui ſignifie amuſer. C'eſt donc le mot Latin *lobus* qui exprime ſans ſolidité, vague, vuide.

Louan eſt une corroie. Nous avons lien du Latin *ligamen.*

Lucha, luire, est sans contredit *lux*, *lucere*.

Laken, un Lac, un marais est *Lacus* des Latins.

Macha sert à exprimer briser. Nous disons macher ; il vient sûrement du Latin *maxilla*, mâchoire.

Maem & *maen*, pierre, ardoise & autres matériaux que nous appellons marrien, merrien, ne peut venir que du Latin *materies*.

Les bas Bretons changeant la lettre *l* en *n* disent *nicol* pour licol, formés l'un & l'autre du Latin *ligetlo*, ou *ligamen*, & de *collum*, ligature du col.

Le changement de la lettre *n* en *m*, leur fait dire *nemeut*, & nous pronōncions anciennement *meneur* du Latin *minor*.

De *solea* semelle de soulier, ils ont fait *sol*. On dit encore dans bien des Provinces un soulier dessolé, pour exprimer que la semelle en est disjointe.

De

De *somnium* les bas Bretons ont fait *sonch* & nous *songe.*

Tosten signifie chez eux une rotie. Nous disions anciennement une *tostée.* Ces mots viennent de *tostum* participe de *torrere* qui signifie rotir.

Gadan est un lien pour atteler les bœufs ; c'est sûrement notre mot chaîne & le *catena* des Latins.

Gafre est notre mot François chevre, & le *caprea* Latin.

Il faut con venir qu'il y a dans ce jargon bas Breton des mots qui paroissent n'avoir aucune affinité avec les Langues Greque & Latine, ni même avec notre François ; mais quand on est une fois prévenu que ces peuples, ainsi que nous, ont changé les lettres, on en découvre bientôt l'origine. Tel est par exemple le mot *breuzr* qui signifie frere. Les habitans de Vannes disent *breder* & d'autres *brawdr.* Le *b* & l'*f* étant la même chose dans ce jargon, on est bientôt convaincu que c'est le Latin *frater* & le François *frere* formé de l'ablatif *fratre*, d'autant plus que dans la Bretagne on dit mon *freuzr* pour mon frere.

Il en est de même du mot *bruc* ou *brug* qui désigne des bruieres ou plantes infertiles. Ce n'est qu'une abbréviation du Latin *labrusca*. Nous avons changé le *b* en *f* & nous disons *friche*, terre inculte qui ne produit que des bruieres.

Il est encore à observer que les différens auteurs des Dictionnaires de ce jargon ne sont pas d'accord entre eux sur la signification de certains mots. Je citerai seulement les mots *dun* & *awen*, *awin*, ou *afwin*.

Un passage de Clitophon historien Grec cité par Plutarque a persuadé plusieurs Sçavans que le premier étoit Celtique & qu'il signifioit une éminence. Cet Auteur rapporte (*a*) que Momore

(*a*) Apud Plutarch. de flumin. in Arari.

& Atepomare voulant pour exécuter l'ordre qui leur avoit été donné par un Oracle de bâtir une ville sur la colline, des corbeaux parurent à l'inftant & fe percherent fur les arbres voifins, ce qui détermina Momore à donner à fa ville le nom de *Lugdunum*, parce que *lug* dans la Langue du pays fignifioit un corbeau, & *dun* une éminence ; mais l'autorité de Clitophon n'a point affujetti tous les Ecrivains. L'Auteur de la vie de faint Germain adoptant la fignification qu'il donne au mot *dunum*, contefte celle de *lug*, qu'il dérive du Latin *lux* lumiere (*a*). D'autres ont prétendu que *dun* fignifioit une vallée, un lieu bas. Scaliger vouloit que ce même mot

λοῦγον γὰρ τῆ σφῶν διαλέκτῳ τὸν κόρακα καλοῦσιν, δοῦνον δὲ τὸν ἐξέχοντα

(*a*) Vit. S. Germ. Lib. IV.

Lugduno celebrant Gallorum famine nomen Impofitum quondam, quòd fit mons lucidus *idem.*

ne fignifiant autre chofe chez les anciens
Gaulois qu'une ville. Saumaife qui ne
vouloit point qu'il fût originairement
Celtique le dérivoit du Grec βυνὸς par
le changement affez ordinaire du B en Δ.
qui fignifie une colline, une élevation ;
ce mot, fuivant la remarque d'Hefychius
fur le dernier livre de l'Odyffée d'Ho-
mere n'eft point d'origine Greque, mais
venu d'Afrique ; il avoit été adopté par
les Grecs. Bochart trouve fon étymolo-
gie dans le mot Arabe *thun* qui exprime une chofe éminente entre deux qui
font égales. Cette variété de fentimens
prouve qu'on n'a point encore trouvé
la véritable fource de ce mot. Je con-
viens avec Saumaife qu'il terminoit les
noms de plufieurs villes des Gaules &
de l'Angleterre. J'accorde même que
plufieurs de ces villes étoient fituées fur
des éminences, des collines ou même
des montagnes. Noyon ville de Picardie *Noviodunum* eft fur une pente douce

sur la riviere de Vorse. Chateaudun dans le pays Chartrain *Castellodunum* est placée sur une montagne. Nevers nommée aussi *Noviodunum* capitale du Nivernois sur la Loire est bâtie en amphitéatre. Lyon même *Lugdunum*, suivant les témoignages de Strabon (*a*), de Seneque (*b*) & de Pierre le Vénérable Abbé de Clugny (*c*) étoit bâtie de la même maniere sur une petite colline ; mais il faut aussi convenir qu'il y a plusieurs villes aux noms desquelles le mot *dun* ou *dunum* se trouve joint qui ne sont point assises sur des éminences. La ville de Tours *Cæsarodunum* au lieu d'être sur une montagne se trouve dans une vallée entre la Loire & le Cher. Autun dans

(*a*) Strabon. Lib. IV. αὐτὸ μὲν δὴ τὸ Λὔγδουνον ἐκ͵ισμένον ὑπὸ λόφω. Bochart & Vossius veulent qu'on lise ἐπὶ λόφω.

(*b*) Senec. Ep. xcj. *Civitas uni imposita & huic non altissimo monti.*

(*c*) Petrus Venerab. Lib. I. Ep. I. *Lugdunensium montem.*

le Duché de Bourgogne *Augustodunum*
est située au pied de trois grandes montagnes & non sur le sommet d'aucune.
Verdun dans les trois Evêchés *Verodu-*
num ou *Virodunum* est sur la Meuse qui
partage cette ville en deux. Melun dans
l'Isle de France à dix lieues de Paris,
Melodunum se trouve sur le bord de la
Seine & dans une vallée. Ces situations
opposées ne permettent point de dire
absolument que ce mot *dun* signifie une
colline, ou une montagne, ni qu'il exprime une vallée.

Il faut encore observer qu'on ne prouve point que ce mot soit véritablement
Celtique. Les autorités qu'on produit
sont beaucoup postérieures à l'intro-
duction de la Langue Latine dans les
Gaules, & il ne seroit pas surprenant
que des peuples, par la difficulté de
prononcer les termes d'une Langue à
laquelle ils n'étoient pas habitués, &
dont l'idiome étoit peut être semblable

aux plus anciennes Langues qui n'étoient
pas si polysyllabiques que les postérieures aient abrégé & altéré des mots de
cette Langue Latine qu'on les obligeoit
de parler. Cette altération n'aura rien
d'extraordinaire, si l'on fait attention
qu'il y a encore dans notre Langu e des
mots dans lesquels on a fait des retran-
chemens si considérables, qu'il ne paroît
point au premier aspect qu'ils puissent
avoir aucune affinité avec ceux dont ils
tirent véritablement leur origine. Tels
sont par exemple les mots *gril* & *taxe*.
Du mot Latin *craticula* composé de neuf
caracteres il n'en reste que quatre dans
notre mot *gril*, le *c* & le *g*, comme je
l'ai déja remarqué sont indistinctement
l'un pour l'autre. Du mot Latin *taxa-*
tione; ablatif de *taxatio*, composé également de neuf caracteres, il n'en reste
de même que quatre dans notre mot
taxe. On ne peut point douter que ces
deux mots Latins ne soient la source

de ces deux mots François fi prodigieu-
fement abrégés. De ce dernier mot *taxa-
tione* vient auffi notre mot *tâche*. Qu'eft
en effet la tâche que l'on donne à un
ouvrier, finon une taxe qu'on lui impofe ? Un homme qui prend une chofe
à tâche s'impofe le devoir de la faire,
c'eft une taxe à laquelle il s'affujettit.
Notre mot *tâcher* en Latin *conari* vient
du Latin *tactum* participe de *tangere*.
Tâcher n'eft autre chofe que toucher,
manier, effayer, tâtonner.

Le mot *dun* a effuyé un retranche-
ment auffi confidérable. Le mot Latin
tumulus qui eft fa véritable origine compofé de fept caracteres s'y trouve réduit
à trois. Le *d* & le *t* font indifféremment employés l'un pour l'autre ; il
faut même en les prononçant faire une
finguliere attention pour ne pas fe tromper. L'*n* a été fubftituée à la place de
l'*m*, cela eft encore très-fréquent.

Le mot *tumulus* a deux fignifications
qui

qui ont beaucoup d'analogie. Il signifie
en premier lieu une montagne, une
éminence, une colline, un tertre, &
en second lieu un tombeau, un sepul-
chre, un monument de quelque espece
que ce soit; mais il n'a jamais signifié
une vallée ni autre lieu bas. Virgile voulant designer une montagne qui se trouvoit aux portes de Troie emploie ce
terme (a). César s'en sert aussi pour exprimer une éminence qui se trouvoit au
milieu d'une grande plaine (b); il s'en
sert même pour signifier un monceau de
cadavres rassemblés, sur lesquels les
ennemis étoient montés pour combattre
avec plus d'avantage (c).

(a) Virg. Æneid. II. v. 713.
Est urbe egressis tumulus, templumque vetustum
Desertæ Cereris, juxtàque antiqua cupressus.

(b) Cæs. de Bell. Gall. Lib. I. *Planities erat*
magna, & in ea tumulus terreus satis grandis.
Hic locus æquo ferè spatio ab castris utrisque
aberat.

(c) Id. ibid. Lib. II. *At hostes etiam in extremâ*

La feconde fignification de fepulchre, de tombeau & de monument n'eft pas moins conftante. Le fépulchre d'Annibal eft nommé *tumulus* par Pline (a). Suetone appelle *tumulus* un Cénotaphe ou un monument élevé par les foldats à la mémoire de l'Empereur Claude (b). J'ajoûterai à ces preuves un trait qui fe lit dans le Roman du Brut compofé l'an 1155. par Euftache, & qui contient une Chronologie des Rois d'Angleterre & des évenemens les plus remarquables

fpe falutis tantam virtutem præftiterunt, ut cùm primi eorum cecidiffent, proximi jacentibus infifterent, atque ex eorum corporibus pugnarent. His dejectis & coacervatis cadaveribus qui fuperefient, ut ex tumulo tela in noftros conjicerent, pilaque intercepta remitterent.

(a) Plin. Lib. V. C. 32. *Fuit & in Lybiffâ oppidum, ubi nunc Annibalis tumulus tantùm.*

(b) Sueton. in Claud. *Cæterùm exercitus honorarium ei tumulum excitavit, circâ quem deinceps ftatuto die quotannis miles decurreret, Galliarum ei civitates publicè fupplicarent.*

de ce royaume. Cet Auteur rapporte qu'un Géant d'une grandeur énorme enleva une jeune fille d'Angleterre nommée Hélene, qu'il la transporta sur une montagne située sur le bord de la mer entre la Normandie & la Bretagne; qu'après la mort de cette fille ce Géant nomma cette montagne le *Tum Helene*, *Tumulus Helenæ*. C'est aujourd'hui le mont S. Michel.

Il résulte de ces preuves que le mot *dun* ou *tum* tire son origine du Latin *tumulus* & qu'il a également & doit avoir les deux significations, la premiere de montagne, éminence, tertre, élevation, & la seconde de tombeau, sépulchre & monument. Dans sa premiere signification il ne peut s'adapter qu'aux lieux hauts & élevés, aux dunes ou montagnes sur le bord de la mer, en un mot à tous les lieux éminens, & non à des vallées, ou à des lieux profonds, omme l'ont prétendu quelques Auteurs.

Dans la seconde il convient à tous les monumens qui ont été érigés soit sur des lieux élevés, soit dans les lieux bas & profonds. Car un monument est une chose élevée, en quelque lieu qu'il ait été dressé.

Par cette raison toutes les villes dont les noms se terminent en *dunum* sont autant de monumens dressés en l'honneur des grands Capitaines qui ont conquis les Gaules ou autres pays. La ville de Loudun bâtie sur une montagne, nommée en Latin *Juliodunum* est un' monument qui a été consacré à la mémoire de Jules-César, *Tumulus Julii*. Celle d'Autun assise au pied de trois montagnes dans un lieu bas & profond nommée *Augustodonum* a été ainsi appellée pour la mémoire & en l'honneur d'Auguste. C'est *Augusti tumulus*, le monument d'Auguste. La ville de Lyon *Lugdunum* est le *Lucii tumulus*, le monument de Lucius Munacius Plancus

Proconful qui dans l'intervalle qui s'é-
coula entre la mort de Jules Céfar &
le Triumvirat d'Augufte, fonda cette ville
& y établit par l'ordre du Sénat en for-
me de Colonie Romaine les peuples de
Vienne, qui chaffés de leur pays par les
Allobroges, aujourd'hui les Savoyards,
s'étoient refugiés au confluant des deux
rivieres de la Saone & du Rhône. A
l'égard des autres villes qui ont la même
terminaifon & qui font en grand nombre, une étude approfondie des hiftoires
générales & particulieres de ces villes
pourroit nous apprendre les noms de
ceux par qui ces monumens ont été érigés & en l'honneur de qui ils ont été
confacrés.

Les Auteurs des Dictionnaires du prétendu Celtique ou bas Breton font encore moins d'accord fur la fignification
d'*awen*, *awin* & *afwin* que fur celle de
dun. Davies dit qu'il fignifie *habena* une
bride ; les uns difent que c'est une faux,

falx, d'autres *maxilla* la machoire. Enfin Dom Le Pelletier prétend que c'eſt une riviere, un fleuve, *amnis*. Le ſentiment de ce dernier me paroît préférable. *Affen* ou *awen* viennent de notre ancien mot François *ave*, *eve*, eau & celui-ci d'*aqua*. On dit encore dans le Poitou *eve* & *effe* pour riviere, eau, étang, marais.

Orbit en bas Breton ſignifie grimace. Faire l'orbit dans le Maine, c'eſt feindre, diſſimuler, être caché, être hypocrite. Nous avons dans notre ancien François le mot *orbe* pour ſignifier caché. Coups orbes ſont des meurtriſſures, des plaies qui ne paroiſſent point au dehors, ſinon par contuſions. Un homme orbe eſt un homme qui ne montre point au dehors ce qu'il eſt intérieurement. C'eſt un homme dont le caractere eſt caché, *orbatus à lumine*.

Quoique je n'aie pas l'avantage de ſçavoir les Langues Angloiſe & Allemande, je peux dire sans témérité qu'elle ont beaucoup de mots Latins. Tous nos mots François en *on*, comme considération, ambition, faction, &c. sont dans l'Anglois. Ils ont le mot *molher*, ainsi que les Gascons, pour signifier une femme. Nous disions anciennement *moillier* qui est le *mulier* des Latins.

Je vais mettre sous les yeux du Lecteur plusieurs mots Allemands dont l'origine est purement Latine. Il seroit à souhaiter que ceux qui possedent ces deux Langues à fond voulussent se donner la peine de les bien approfondir, & d'indiquer comment & quand ils changent les lettres, comment ils les transposent ou les supriment, ainsi que Dom Le Pelletier l'a fait à la tête de son Dictionnaire bas Breton, & comme je viens de le faire dans ma Dissertation sur l'origine de la Langue Françoise. Cet ouvrage nous prouveroit que toutes les Langues de l'Europe ne sont pas aussi différentes les unes des autres qu'elles le paroiffent, & nous convaincroit que plufieurs mots quoique fort diffemblables dans toutes ces Langues ont cependant la même origine. Une lettre fubftituée à la place d'une autre, ou changée de lieu, une lettre ou fyllabe fupprimée caufent une grande difformité dans un mot. Les exemples fuivans en convaincront le Lecteur.

Les bas Bretons difent *Banniel* & *bannier*, le François dit *banniere*, & l'Allemand *panier*, l'Allemand ne nous indique-til pas plus clairement que l'origine de ce mot vient du Latin *pannus* morceau de drap, ou d'autre étoffe dont on fait les bannieres, les étendars.

Si les bas Bretons difent *barr*, les François *barre*, & les Allemands *fparre*, pour fignifier féparation, clôture, empêchement, n'eft-il pas certain qu'ils viennent tous trois du Latin, *feparare*, *feparatio*? Le Breton a retranché l's initiale

initiale , & l'*e* final. Nous avons seulement retranché l'*s* initiale , & nous
avons l'un & l'autre changé le *p* en *b*.
Une barre n'est-elle pas une séparation;
barrer n'est-ce pas *separare* ?

Le bas Breton dit *barw* , le François
barbe , l'Allemand *bart*. C'est le *barbd*
des Latins.

Bourch ou *bourchis* en bas Breton ,
bourg & *bourgeois* en François , *burg* &
burger, en Allemand, ne dérivent-ils point
du Latin *urbs* , *urbensis* (a) ?

Le mot Latin *blasphemus* est l'origine
du bas Breton *blam* , du François *blâme*
& de l'Allemand *blame*.

Calet en bas Breton, *galle*, dur en
François, *kalt* en Allemand ont-ils d'autre source que le *callus* des Latins ? Une
galle n'est-ce pas *callositas* , & notre
mot galleux , *callosus* ?

(a) Voyez ma Dissertation sur l'origine de
la Langue Françoise , pag. 24.

f

Curune, couronne, en bas Breton ; *cou-ronne* en François ; & *krone* en Allemand sont sûrement le *corona* des Latins.

Eaust en Breton, *Aoust* en François, *Aust* en Allemand. C'est le Latin *Augustus*.

Eistre en Breton, *huitre* en François, *auster* & *oester* en Allemand, viennent incontestablement du Latin *ostrea*.

Flehut en Breton, *flutte* en François, & *flot* en Allemand ne sont que le *fistula* des Latins,

Les bas Bretons disent *frommi*, les François *frémir*, & les Allemans *brumment*. Ces mots ne sont autre chose que le *fremere* des Latins, où les Allemans ont changé l' *f* en *b*.

Les mots *couska* bas Bretons, *coucher* François, & *kuschen* Allemand ne prennent-ils pas également leur source dans le Latin *cubare* ?

Le bas Breton a le mot *dant*, le François *dent*, l'Allemand *tahn*. Si dans la

Langue Allemande le *d* se change en *t*, comme en François & en Breton, comme on doit le croire, ne doit-on pas plus que présumer que le mot Latin *dens* est la source de ces trois différens dialectes.

Enfin si les bas Bretons, comme je l'ai déja remarqué, disent *croas*, les François *croix*, les Italiens *croce*, les Allemans *creutz*, les Gascons *crotz*, les Espagnols & les Portugais *crux*, n'est-il pas certain que le mot Latin *crux* est la source de ce mot si diversement écrit?

Ce seroit passer les bornes d'une Dissertation, si je rapportois un plus grand nombre de mots. J'en ai assez dit pour convaincre un Lecteur judicieux que le bas Breton qu'on nous donne comme le dépositaire des précieux restes du langage Celtique n'est qu'un jargon composé de mots Latins défigurés, qui malgré les divers changemens qu'ils ont subis sont encore assez reconnoissables; que l'an-

f ij

cienne Langue des Gaulois ne subsiste plus depuis longtemps, & que le défaut d'actes ou de monumens de cette Langue met dans l'impossibilité de prouver qu'un mot soit véritablement Celtique.

Je crois ne devoir pas me dispenser de rapporter ici le sentiment de M. Bertrand sur cette prétendue Langue Celtique, qui se trouve dans une brochure imprimée à Geneve en 1758. Ce judicieux Auteur s'exprime ainsi page 12.

» Cette Langue, quelle qu'elle ait été,
» n'a jamais pû être bien fixe, & elle
» a dû d'autant plus aisément se cor-
» rompre, & être supplantée, que les
» Druides, Docteurs, Prêtres & Juges
» de la Nation, avoient pour regle de
» ne rien coucher par écrit. Que d'idio-
» mes différens ne devoit-il pas y avoir
» chez un peuple, instruit tout au plus
» par la tradition.

» Strabon & César observent même
» que tous les Celtes ne parloient pas

» la même Langue. De-là ne devons
» nous pas inférer, qu'il eſt fort diffi-
» cile de prononcer quelque choſe de
» bien certain ſur l'origine & la nature
» de cette Langue. Dès le ſixieme ſie-
» cle, elle fut entierement oubliée par
» tout. «

Je finis en obſervant que la recher-
che des étimologies, étude ſouvent me-
priſée, eſt néanmoins néceſſaire pour
s'aſſurer de la véritable ſignification des
mots & pour connoître une Langue à
fond. Monſieur Falconnet dans ſa diſſertation ſur le mot *dun* (a) appuye cette
néceſſité de ce paſſage de Platon : *Qui
connoîtra les mots, connoîtra les choſes;*
& de l'autorité de Ciceron qui rend à
la lettre le mot Grec, étimologie, par
le Latin *veriloquium.* Rien en effet ne
peut mieux démontrer la véritable ſignification d'un mot, qu'une juſte étimologie; c'eſt pourquoi ce célèbre Acadé-

(a) Mém. de l'Acad. des Inſcript. Tom. XX.

micien ne veut point qu'on méprife l'art
étimologique. » Si , dit-il , malgré fon
» fecours , nous ne pouvons quelquefois
» parvenir à aucun degré de probabi-
» lité , il nous fervira du moins à faire
» fans honte l'aveu de notre ignorance ;
» & fi cette ignorance quoiqu'avouée
» eft encore un reproche à nous faire ,
» le fçavant Varron fervira pour nous
» défendre : « *Qui de originibus verbo-*
rum nulla dixerit commodè , potius boni
confulendum , quam qui aliquid nequi-
verit reprehendendum. Il donne enfuite
cette leçon : » L'art étimologique eft celui
» de débrouiller ce qui déguife les mots ,
» de les dépouiller de ce qui pour ainfi
» dire leur eft étranger , & par ce
» moien de les ramener à la fimplicité
» qu'ils ont tous dans l'origine. « Pour
faire ce débrouillement avec fruit , ce
n'eft pas affez de découvrir ce qui peut
avoir été ajoûté aux mots , il faut encore
chercher à rétablir ce qui en a été retranché.

SUR LA LANGUE DES SUISSES.

J'Ai dit précédemment dans ma Dissertation sur la prétendue Langue Celtique, que l'Anglois & l'Allemand ont
conservé plusieurs mots Latins ; je crois
même pouvoir assurer sans témérité,
que presque tous les différens idiomes,
ou Langues de l'Europe ne sont composés que de différens dialectes, ou de
différentes Langues, & plus particulierement de la Latine.

M. Bertrand, dont je viens de parler,
nous a, dans ses recherches, démontré
que la Langue, ou idiome des Suisses
sont composés du Latin, du Grec, de
l'Italien & du François ; mais il dit
en même temps, qu'il y en a plusieurs qui ont une origine étrangere,
tels sont par exemple, *écoffier*, cordo-
nier, *taffion*, punaise, *berna*, pelle à
feu, *charopa*, paresseux, &c.

Mots venans du Grec, *pierraffet*, perfil, herbe potagere, *petrofélion.*

Oura, vent, *ouros.*

Corti, jardin, courtil, *chortos.*

Mais voici des mots dont l'origine eft purement Latine. *Efcouva*, balay. On dit en plufieurs Provinces de France *efcouvette*, c'eft le *fcopa* des Latins. *Coter*, affemblée, nous difons en Fran-çois *coterie*, c'eft le *coïtus* des Latins, du verbe *coïre.*

Arena, fable, anciennement arene.

Clioure la porta, nous difions clore la porte, *claudere portam.*

Tra, poutre, nous difions anciene-ment *tref*, c'eft le *trabs* Latin.

Etala, buche, morceau de bois, nous difions aftelle, *hafta*, *haftella.*

Trontze, tronch, *trontze*, buche, tronc, *truncus.*

Eigue, eau, nous avons dit age, aige, aigue, eige, effe, eve, *aqua.*

Gorgolion, charençon, calendre, en Italien

Italien *Gorgolione* , *Gorgolir* : le *Curculio* des Latins ou *Gurgulio.* Virg. Georg. 1.

Crutze , son de farine , en Italien *crusca* , c'est le Latin *crusta* , le son est la croute du bled , Virgile , Georgiq. 3. *v.* 360. appelle la glace une croute.

Concrescunt subitæ currenti in flumine
    crustæ.

Je le repete ici, il n'y auroit rien de plus utile que d'approfondir chaque Langue en particulier ; on connoîtroit qu'elles ne sont pas aussi éloignées les unes des autres, qu'elles le paroissent au premier coup d'œil.

Je compte donner incessamment un Recueil considérable des mots bas Bretons dont l'origine est purement Latine ; j'y joindrai plusieurs mots Gascons , Provenceaux , & Grenoblois qui semblent fort éloignés du Latin, & une liste de beaucoup de mots Allemands & Suisses, qui viennent de la même source.

g

NOUVELLES OBSERVATIONS

SUR LES ETIMOLOGIES.

Pour servir de réponse à l'Auteur de l'Année litteraire & à la Lettre de M. *le* BARON DES ESCARTS *, inferée dans le Mercure de Novembre* 1759.

LEs étimologies que j'ai propofées à la fuite de ma Differtation fur la Langue Françoife, ont déplu à quelques critiques. S'ils étoient plus familiers avec notre ancien langage ; & qu'ils connuffent mieux les variations que chaque mot en particulier a effuiées, leur furprife cefferoit. Il m'a paru furtout que celle de *Baron* , qui vient de *Vir* les a fingulierement étonés : je vais donc leur expofer les raifons qui m'ont déterminé à la propofer.

Premierement, lorsque je vois que
tout le monde convient, que du Latin *dies* on a fait *diurnus*, & de celui-
ci *jour*, & l'Italien *djorno* ; que l'on
ne fait aucune difficulté de convenir
que notre mot *nuit* vient de *nox*, j'ai
pensé que celui de *Baron* n'étoit pas
plus éloigné du mot Latin *Vir* à l'ablatif *Viro*, que le mot de *jour* de celui
de *dies*, & celui de *nuit* de *nox*.

En second lieu, tous les sçavans que
j'ai consultés, l'ont trouvée juste ; je me
contentrai de rapporter ici, ce que
m'en a écrit un sçavant Bénédictin, qui
possede à fonds nos ancienes chartes &
nos vieux manuscrits, & par conséquent notre langage ancien.

» *Ber* & *Baron*, dit-il, est le mot de
» *Vir* corrompu, cela est certain.

» 1°. Parce que le mot *Ber* ou
» *Baron* ne se trouve dans les titres
» François, que pour signifier *home*,
» & que dans tous les titres Latins du

» même temps, on y lit, *nobilis, illus-*
» *tris vir.*

» 2°. Varon signifie encore un home
» en Espagne, l'*v* & le *b* avoient autre-
» fois la même valeur.

» 3°. Le commun des femmes de Pi-
» cardie se servoient, il n'y a pas cent
» ans, du terme de *mon Baron*, pour
» dire mon home, mon mari, cette ex-
» pression est plus rare aujourd'hui.

» 4°. On a dit premierement *Varon*
ou *Faron* & ensuite Baron. On en trou-
» ve la preuve dans l'histoire de Fre-
» degaire. Farones *vero, tàm Episcopi,*
» *quàm cæteri &c.* & ailleurs, *Anno 34.*
» *regni Chlotarii, Warnacharium ma-*
» *jorem domus, cum universis Ponti-*
» *ficibus Burgundiæ & Faronibus ad se*
» *venire præcepit.*

En troisieme lieu, rien de si commun dans notre langage que d'y voir
les lettres *b, f, p & v*, employées indistinctement les unes pour les autres ;

il en est de même des voyelles ; ainsi je ne vois pas qu'il y ait eu d'impossibilité de former notre mot *Baron* de *Viro*, ablatif de *Vir*.

Mais comme tout ce que je viens de dire pourroit être envisagé comme de simples conjectures, je vais mettre sous les yeux du Lecteur des citations que j'ai regardées, & que je juge encore être des autorités.

Baron, *Beir*, *Ber*, *Bers*, dans tous les anciens Auteurs, ont signifié également, un home en général, un mari, un home fait, & ce que nous entendons aujourd'hui par *Baron*, qualité. On trouve dans Villehardouin qu'Etienne de Bethunes, reprochant au Comte de Blansdras sa revolte contre l'Empereur Henri, lui dit : » Faí » avant apporter la chartre ₁ que li » Marchis ot ₂ de l'Empereour Bau-

₁. Chartre, diplome, *Charta.*
₂. Or, eut, *habuit.*

» duin, qui fu fete par le commun
» assentement 1 des *hauts Barons*, qui
» pour cet atiiment 2 furent esleu. « Cet
Auteur s'est servi des termes de hauts Barons, comme les autres se sont servi
de *hauts homes* pour signifier des homes
distingués, *viri incliti, alti viri.*

Saint Bernard dans son troisieme Sermon sur la Circoncision de Notre Seigneur fol. 73. dit : » Or me semblet
» que mestiers t'est que tu en cest leu
» soies voisous de ti awardeir del vice
» d'orgoil ; car molt est grant chose, si
» tu einsi pues veincre ti meismes. Mielz
» valt, ce dist Salemons, li paciens del
» fort *Baron*, & cil ki at signorie sor
» son cuer, ke cil ne facet ki les citez
» prent. « *Porro in hoc loco jam caven-*
dum tibi arbitror à superbia. Magnum
est enim omnino sic vincere semetipsum ;
melior est, ait Salomon, patiens viro

1. Assentement, *assensus.*
2. Atiiment, accord, traité, convention.

forti, & qui dominatur animo fuo, expugnatore urbium.

Beir, Ber & *Bers* a toujours fignifié un home en général. Cuvelier Poëte du quatorzieme fiecle, a compofé la vie du fameux Coueftable du Guefclin, dans laquelle il le qualifie continuellement de *Gentil ber*, Gentil home, *Gentilis vir*. Aimes de Varentines Poëte du même fiecle, Auteur du Roman de Floiremont, ne qualifie pas autrement fon Heros. Un ancien & très-ancien traducteur des Dialogues de faint Gregoire 1 au I. Livre, dit : » Quidons nos cil fi » noble *beir* ot il premiers meftres, ke » il en apres fu meftres de difciples. « *Putamus hic tamen tam egregius vir, ut poft magifter difcipulorum fieret, prius habuit magiftrum.*

Saint Bernard, dans fon premier Sermon fur l'Epiphanie, fol. 77. dit : » Hui » vinrent li troi Roi querre lo foleil de

1. Voyez ma Differtation fur la Langue Françoife, p. 13.

» justice, qui neïz estoit, de cui il est
» escrit. Ci ke vos uns *bers* vient, &
» Orianz est ses nons. « *Hodiè enim*
Magi ab Oriente venerunt, ortum solem
requirentes, eum de quo legitur : Ecce
vir, Oriens nomen illi. ₁ Le même
Saint au fol. 133. dit : » Daniel, qui
» apeleiz est *bers* de desiers, ki absti—
» nens fu & chastes, il est li ordene des
» penans & des continens, ki enten—
» dent solement à Deu. *Daniel vir de-*
sideriorum, abstinentia & continentia
deditus, ipse est, soli Deo vacans, &
continentium ordo. Que l'on ouvre le
manuscrit des Cordeliers qui contient la
traduction des quatre Livres des Rois,
du même temps que les Dialogues de
S. Gregoire, on verra qu'il commence
ainsi. Il fut uns *bers* en l'antif pople.
Fuit vir &c.

    Les citations suivantes, ne laisseront
rien à desirer sur cette étimologie.

1. Zacharie, 6. 12.

La

La baſſe Latinité du mot *Vir* & de notre mot *Baron* a formé, *Varo*, *Varus*
& *Baro*. La Loi Salique manuſcrit de
l'Egliſe de Paris tit. 33. §. 1. porte :
Si quis Baroni viam obſtaverit, 600 de-
ners qui faciunt ſol. 15. *culpabilis erit.*
Lex Ripuariorum tit. 58. n. 12. *Quod*
ſi quis hominem regium tabularium, tam
Baronem, quam fæminam de mundebur-
do Regis abſtulerit, ſexaginta ſolidis
culpabilis judicetur. Et dans la Loi des
Allemands tit. 76. *Si quis mortuabir-*
barum vel fæminam, qui qualis fuerit,
ſecundum legitimum W regildum, novem
geldos ſolvatur. Et enfin dans la Loi des
Lombards. Liv. 1. tit. 9. §. 3. *Si Barus*
fuerit qui fæminam percuſſerit, culpa-
bilis eſt &c.

Les preuves que le mot *Baron* ſigni-
fioit mari, *vir*, ne ſont pas moins con-
cluantes. On peut d'abord voir celle que
j'ai deja rapportée du traducteur de
S. Gregoire, dans l'Ordene de Cheva-

lerie page 189. J'en joins ici deux autres qui ne font pas moins fortes. On
trouve dans une traduction de la Bible,
Deuteron. C. 25. ℣. 7. » Et fe il ne eit
» volu prendre la femme de fon frere,
» laquelle eft à li due par la Loi, fa
» femme ira à la porte de la citée &
» appellera les greindres de neffaunce,
» & dira : Le frere de mon *Baroun* ne
» volt pas fufciter le femoil de fon frere
» en Ifrael, ne moi prendre en mariage.«
Sin autem noluerit accipere uxorem fra-
tris fui, quæ ei lege debetur, perget mu-
lier ad portam civitatis, & interpella-
bit majores natu, dicetque : non vult
frater viri mei fufcitare nomen fratris
fui in Ifrael, nec me in conjugem fu-
mere.

Je me difpenferai de citer ici vingt
endroits de la Coutume de Beauvoifis,
redigée par Philippe de Beaumanoir
en 1280, manufcrit de l'Eglife de Paris,
je me contenterai de rapporter ce paf-

sage tiré du Chapitre 13. [1] » La femme
» enporte en doaire la moitié de tout
» l'hiretage que ses *Barons* avoit de son
» droit au jor que il l'esposa ; se il n'est
» einsinc que ses *barons* ait eu autre
» fame de laquelle il ait enfans; car
» adoncques ne enporte-elle por son
» doaire que le quart de l'hiretage son
» *baron.*

On peut encore consulter la page 131.
du troisieme volume des Fabliaux.

Saint Bernard dans ses Sermons a-t-il
voulu rendre en François le mot Latin
virilis, il s'est servi du mot *barnis* &
bernil, courageux, viril. On trouve dans
son second Sermon sur l'Epiphanie :
» Donkes, ce dismes nos à vos, filles
» de Syon, nos enhortons vos ainrmes
» seculers ke vos forissiez, fleves & de-
» licioufes filles, & ne mie fil, ki n'en
» avez niant de force, ne de *bernil*
» coraige. « *Vobis ergo dicimus, filiæ*

1. Qui est page 75. de l'imprimé.

Sion, animæ sæculares, debiles, deli-
catæ filiæ, & non filii, in quibus nihil
est fortitudinis nihil est virilis animus.
Dans un Sermon sur la Purification.
» Soit assi la nostre offrande, li *barnis*
» stauletez, li continence de la char, &
» li conscience humble. « *Sit ergo & in*
oblatione nostra constantia virilis, sit con-
tinentia carnis, sit conscientia humilis.
Ce même Docteur de l'Eglise s'est
aussi servi de l'adverbe *bernilement* pour
exprimer le Latin *viriliter*, » Mais si
» nos *bernilement* restons en la bataille,
» apermemes naist en nos une pie tran-
» quilliteir, & uns deleitaules repos.
Si viriliter resistimus, quædam pia tran-
quillitas de consciencia bona nascitur.
Après toutes ces citations, & une in-
finité d'autres que je pourrois rapporter,
& que je regarde, je le repete, comme
autant d'autorités, j'ai cru ne devoir
point balancer à proposer cette étimo-

1. *Fol.* 130.

logie : je ne l'ai fait d'ailleurs qu'après avoir examiné , & scrupuleusement pesé les sentimens de tous nos Auteurs sur ce mot , sentimens que je crois être obligé de mettre sous les yeux du Lecteur judicieux , & de les soumettre à son jugement , auquel je souscrirai aveuglément.

M. de Marca , dans son histoire d'Espagne Chap. 8. n. 6. le fait venir du Grec *baros* qui, suivant lui, signifie poids , charge, ennui pesant.

Les Auteurs des racines Grecques sont du même avis , en ajoûtant que *baros* signifie aussi , puissance , & autorité , signification que ce mot n'a point;ou bien, ajoûtent-ils du mot Latin *baro* , qui signifie, suivant eux, home vaillant , ou même brutal & feroce. Saint Isidore , suivant les mêmes Auteurs , le fait deriver de *barus* qui en Grec signifie, *gravis* ; mais je demande quel rapport direct peuvent avoir , poids , charge ,

ennui pesant , brutal , feroce , avec notre
mot Baron ?

Ragueau & autres prétendent qu'il
vient du Grec *aner* qui signifie home
de courage ; le même Ragueau le veut
deriver aussi de l'Allemand *graf* , origine que M. de Lauriere réfute & rejette
avec mepris.

Besoldus dans son tresor p. 269. n. 52.
prétend qu'il vient de *Baren* , mot Allemand , dit-il , *quod sumitur pro liberis
seu filiis*. Ce qu'il justifie par les citations des Loix que j'ai rapportées ci-
devant , & dans lesquelles il n'a d'autre
signification que celle d'homme , *vir*.
Enfin Borel veut qu'il vienne du Latin
barrus qui signifie un éléphant 1 , à
cause , ajoute-t-il , que les Barons ont
du pouvoir. Je m'en rapporte au Lecteur
judicieux sur ces découvertes.

Dira-t-on encore qu'il vient du Syria-

---

1. Linguâ Sabinorum , Barrus Elephas dici-
tur. *Basil. Fab. Thes.*

que & Chaldéen *bar* ? Ce mot en cette Langue ne signifie autre chose que fils, tous ceux qui sçavent cette Langue m'ont assuré qu'il n'avoit point d'autre signification ; on trouve dans le Nouveau Testament le mot *bar-jona*, qui est interpreté en Latin, *filius columbæ*, le fils de la colombe.

Voudroit-on prétendre qu'il vient de la Langue des anciens Celtes ? Que l'on m'indique un monument de cette prétendue Langue, où on le puisse trouver. Je l'ai cherché en vain dans les Dictionaires du jargon de la basse Bretagne.

Basile le Fevre dans son tresor décide formellement qu'il ne peut venir du Latin *baro*, & je ne crois pas que persone au monde le puisse penser avec raison. *Baro* dans Ciceron Liv. 2. *de finibus* C. 23. & ailleurs, signifie stupide, hébêté, sot, niais, étourdi, impertinent. *Hæc cum loqueris*, *nos* Barones

stupemus. Dans Perse sat. 5. il est employé pour valet, Goujat.

. . . . *Eheu*
Baro *regustatum digito terebrare sali-*
        num
Contentus perages , si vivere cum
        Jove tendis.

Il faut cependant qu'il ait une origine, je le repete, il n'en a point de
plus juste que celle de *Vir.* Le même
le Fevre le décide sans replique légitime.
Baro, inquit, *magnates inferiores comi-*
tibus dignitas est apud Bohemos ; sed in
hac significatione non invenitur apud pro-
batos auctores. Ineptè nonnulli originem
vocis ex Pharao ducunt , quo hominem
multis privilegiis & immunitatibus gau-
dentem , jureque communi exemplum
intelligi volunt. Est enim originis Fran-
cica, sive Germanica, ex vocabulo ber *,*
vel var, *quod virum & hominem libe-*
rum. . . . .*significabat.* Il est encore cons-
                                        tant

tant que les habitans de la Boheme, les Allemands & les François ont formé ce mot du Latin *Vir*. On peut encore, pour s'affermir, confulter l'anciene édition du Dictionaire de Trevoux, où ce mot eft amplement difcuté.

Je ne crois pas que l'on puiffe pouffer une démonftration plus loin; au refte, fi on trouvoit une autre étimologie encore plus jufte, que celle-ci, je ferai le premier à l'adopter.

Je n'entreprendrai point de juftifier ici les autres étimologies critiquées par ces Auteurs, elles le feront toutes dans mon Gloffaire par des citations & des autorités au moins auffi claires & auffi juftes que celles que je viens de rapporter. Je me contenterai de rendre compte de ce qui m'a déterminé à dire dans ma Differtation fur la Langue Françoife *, que quelques-uns

* A la tête de *l'Ordene de Chevalerie*, dont j'ai donné une édition l'année derniere, & qui

i

de nos mots François se formoient de l'infinitif, & d'autres du participe du verbe : deux exemples suffiront pour appuyer mon sentiment, qui est aussi celui de plusieurs Sçavans.

Opprimer vient immédiatement de l'infinitif *opprimere* ; mais celui de *presser* ne vient que médiatement, & est formé de *pressum* participe de *premere*.

Les mots François décerner & decréter, ont bien tous deux leur origine du verbe Latin *decernere* ; mais décerner vient immédiatement de l'infinitif, & décreter du participe, ou si on l'aime mieux du substantif *decretum*.

L'Auteur de *l'Année litteraire*, me permettra de lui redire encore une fois, que pour bien juger d'une Langue, il faut l'avoir suivie dès son berceau, & en bien

se trouve à Paris chez les Libraires indiqués au frontispice du présent ouvrage.

1. Voyez l'Année Litteraire Tome V. p. 315. 1759.

connoître l'origine, les variations & les progrès, la critique, faute de ces connoissances, a paru tout au moins trop précipitée.

A l'égard de M. le *Baron des Ecarts*, je n'ai plus autre chose à répondre à sa plaisanterie, sinon qu'il trouvera des éclaircissemens à ses doutes, & des réponses à ses objections dans le *Glossaire* que j'ai tout prêt, & qui tôt ou tard sera soumis à l'examen du public, à qui je promets d'avance, que je ne proposerai rien, qui ne soit démontré par de justes citations, ou qui ne soit tout au moins très-probable.

Une très courte satire composée contre les Beguines par *Rutebeuf*, l'un des plus renomés Poëtes du treizieme siecle, ne servira pas peu à confirmer cette étimologie ; je crois que le Lecteur me sçaura gré de la mettre sous ses yeux.

Je ne dirai rien ici de cet Auteur,

je donnerai inceſſamment ſa vie avec celles des autres Poëtes François dont les ouvrages n'ont point été imprimés, & une liſte de leurs productions. Rute-beuf a compoſé un grand nombre de pieces dans tous les genres, quelques vies de Saintes, des complaintes ſur la mort de pluſieurs Princes & Seigneurs qui ont peri aux Croiſades, des ſatires, des Fabliaux, & pluſieurs pieces hiſtori-ques, qui ſe trouvent reunies dans un manuſcrit de la Bibliotheque Royale ſous le Nº. 7633.

Ancienement en Flandre & en Lor-raine on appelloit *Beguines* des fem-mes & des filles, qui par devotion, & pour exercer les œuvres de miſeri-corde & de benignité, vivoient en com-munauté, ſans cependant faire de vœux, & qui par conſéquent pouvoient ſe ma-rier quand elles le jugeoient à propos.

Il y a différentes opinions ſur l'éti-mologie de ce mot, on peut voir ce

qu'en dit Menage, Borel, Ducange, &
autres; les uns la tirent de Begga
sœur de sainte Gertrude qui vivoit
dans le septieme siecle. D'autres de
Louis le Begue fils de Charles le
Chauve, qui regnoit à la fin du neuvieme siecle; d'autres de Lambert de
S. Christophe surnommé le Begue,
quia balbus erat, d'autres comme Scaliger de leur coëffure, appellée *Beguin*,
& celui-ci du Toulouzain *Begui*, qui
signifie un bonet. Plusieurs de ces Auteurs sont même incertains, si c'est le
bonet, le Begui qui a doné le nom à
ces femmes, ou si ce sont ces femmes
qui ont doné le nom au bonet, au
Begui. Je laisse aux Lecteurs à juger de
ces decouvertes.

Ces femmes & filles, qui se retiroient ainsi dans des Communautés,
y exerçoient des œuvres de charité
& de benignité; aussi quelques Auteurs
sont-ils d'avis que les mots Beguines &

Biguenettes font le mot Latin corrompu *Benigna.*

Je done ici une traduction littérale de cette fatyre, on verra combien il eft difficile d'aprocher de la beauté de l'original. Elle eft intitulée dans le manufcrit.

DES BEGUINES.

EN riens [1] que Beguine die,
N'entendez tuit [2] fe bien non. [3]
Tot eft de religion
Quanque [4] on treuve en fa vie.
Sa parole eft prophetie ;
S'ele [5] rit, c'eft compaignie,
S'ele pleure ; c'eft devotion ,
S'ele dort, elle eft ravie,
S'ele fonge ; c'eft vifion,
S'ele ment, nou [6] creiez mie.

1. Riens, *res*, chofe.   2. Tuit, tous , *toti.*
3. Sinon que du bien.   4 Quanque, tout ce que.   5. Si elle.   6. Nou, ne le.

Se Beguine se marie,
C'est sa conversations :
Ses veux, sa prophecions 1
N'est pas à 2 toute sa vie :
Cest an pleure, cest an prie,
Et cest an panrra *Baron*. 3
Or 4 est Marthe, or est Marie,
Or se garde, 5 or se marie ;
Mais n'en dites se bien non,
Li Rois nou sofferroit mie.

En tout ce que dit une Beguine n'y entendez autre chose que du bien. Tout ce que l'on trouve en sa vie, est relatif à la religion, ses paroles sont autant de propheties. Si elle rit, c'est la compagnie qui l'y excite, si elle pleure, c'est par devotion, si elle dort, elle est en extase, si elle rêve, c'est un ravis-sement, une inspiration ; si elle ment ne la croiez pas.

1. Profession 2. A. pour.
3. Baron, mari, *virum.*
4. Or, une heure, un temps est, elle est tantôt. 5 Se garder, s'abstenir, être chaste.

Si une Beguine ſe marie, c'eſt ſans conſequence, c'eſt pour avoir compagnie ; ſes vœux, ſa profeſſion ne ſont pas pour toute ſa vie ; elle pleure pendant un an : elle prie pendant un autre, & enfin elle prend un mari, un *Baron* ; elle eſt tantôt Marthe, tantôt Marie, tantôt elle eſt chaſte & continente, tantôt elle ſe marie. Mais n'en dites que du bien, le Roy ne ſouffriroit pas que l'on en dît du mal.

LE CASTOIEMENT
DU PERE
A SON FILS.

JE ne m'étendrai point ici sur le mérite de nos anciens Poëtes, ni sur celui de leurs Ouvrages; je crois n'avoir rien laissé à desirer sur cet article dans la Préface des Fabliaux. S'il y en a eu de trop libres dans leurs productions, il y en a eu qui n'avoient pour objet que d'inspirer la Religion, les bones mœurs, la bone conduite, la soumission & le respect pour les persones constituées en dignité, & placées par Dieu pour nous gouverner & nous proteger.

Tel est l'Auteur anonime, dont je done l'Ouvrage au Public.

Il est intitulé dans le manuscrit de Saint Germain des Près Nº. 1830. connu sous le titre de FABLIAUX.

Ci commence le Castoiement que li Peres enfaigne à fon Fils.

Ces mots castoiement, & castoier, dans les siécles reculés, n'avoient pas encore la signification qu'ils ont aujourd'hui : nous entendons, par châtiment & châtier, punition & punir ; & on entendoit alors, par castoiement, instruction, avis, correction de mœurs.

Ce manuscrit a été écrit vers la fin du douziéme siécle ; il faisoit partie de ceux légués à cette Abbaye par M. le Duc de Coaiflin Evêque de Metz, dont le nom sera immortel.

L'Auteur de ce Castoiement nous représente un Pere qui done des leçons de morale à son Fils, & des préceptes pour se conduire sagement & prudemment dans le monde, où il étoit prêt d'entrer ; il lui raconte plusieurs aventures, qui sont autant de Contes ou Fabliaux, que Bocace, Moliere, & nos conteurs modernes n'ont pas négligés.

Ces Contes étant, comme je l'ai dit, entremêlés de longues tirades de morale, je ne done que quelques extraits des endroits les plus frappans : ces tirades sont ennuyeuses, & pleines de répétitions, que j'épargnerai au Lecteur.

Le Pere débute par dire à son Fils, qu'il faut, avant toutes choses, craindre aimer Dieu, & observer ses commande-mens ; que ce n'est pas assez de l'hono-rer des levres, mais qu'il faut l'honorer de cœur ; que Dieu a en horreur l'hy-pocrisie.

GARDES que criemes Dieu le voir, 1
C'est commencement de sçavoir ;

1. Observe de craindre le vrai Dieu, c'est le commencement de la sagesse. *Initium sapien-tia timor Domini.* Pf. 110. ÿ. 9.

Si criemes Dieu 1, tu l'ameras,
Et serviras & honorras :
En terre auras à grant plenté,
Jamais ne seras esgaré.

Beax fils, ge te pri & coment 2
Que n'aimes pas Dieu faintement, 3
Ne li fais semblant à nul fuer, 4
Si tu ne l'aimes de bon cuer ;
Qua ne seroies pas partant quites 5
Quar tu seroies ypocrites.
Ypocrites est par de-fors bel,
De l'aignel a vestu la pel,
Mais dedens est lou ravissant. 6
De Dieu amer fait un semblant :

1. *Si tu crains.*
2. Je te prie & comande.
3. Que tu n'aimes pas Dieu feintement, *&c.*
4. Il fait semblant de l'aimer en aucune occasion, *si tu &c.*
5. Cela ne t'acquitteroit pas envers lui.
6. *Attendite à falsis prophetis, qui veniunt
ad nos in vestimentis ovium, intrinsecus autem
sunt lupi rapaces.* Matth. 7. 15.

Il vait volentiers au moſtier

Ilueques fait ſes oroiſons,
Souvent ſe courbe à genoillons,
Et ſon pis vait moult debatant
Et ſa bouche muet en ourant, 2
Mais ſes cuers eſt de Dieu moult loing.

Il lui recommande enſuite d'imiter la fourmi, & de ſe prémunir pour l'avenir : d'être vigilant come le Cocq, qui dès le matin va chercher ſa vie & celle de ſes Poulles.

Beax fils, ce te pri de voir,
A la Formie apren ſavoir ; 3

1. Il manque un vers dans le manuſcrit qui peut être ſuppléé par celui-ci.
Pour aouter & pour prier.
2. *Populus hic labiis me honorat, cor autem eorum longè eſt à me.* Matth. 15. 8.
3. Sçavoir, fais-toi ſage en imitant la fourmi, ou pour mieux dire rends toi ſçavant.

Qui en esté va pourchaçant
Dont ele puisse vivre en avant,
En esté quant ele fait que sage,
Dont puisse vivre en yvernage.
Beax fils, & de Cocq te comant,
Que ne soit de toi plus vaillant [1]
Qui s'esveille à l'ajornant
Et vait sa garison querant.

. . . .

Le Pere recommande au Fils de ne point regarder un home comme son ami avant de l'avoir bien éprouvé.

Beax fils, ne loe ton ami,
Ains que tu saches bien de fi,
S'il t'aime bien veraiement,
Tu sauras à l'esprouvement.
Un essample te vueil conter,
Et tu, penses de l'escouter.

1. Vaillant, ne signifie point ici valeureux, *valens*, mais vigilant, *vigilans*. L'Auteur conseille d'être aussi vigilant que le Cocq qui au point du jour va chercher sa garison, sa provision, *suam quærens curationem*. Voyez le Vocabulaire à ce mot.

CONTE I.

Du Preudome qui avoit demi ami.

UN Preudons eftoit en Arabbe, 1
Si avoit à non Lucinabe,
Il eftoit du fiecle moult faige 2
Et fi eftoit de grant aaige.
Avint fi, qu'il amaladi,
Morir quida treftot de fi; 3
A fon fil a donc demandé :
Quans amis as tu conquefté, 4
Tant come as vefcu entre gent? 5
10 Le Fils li a dit, plus de cent.

1. Il y avoit en Arabie un pere de famille, un home fage, expérimenté.

2. Sage, *fapiens*, connoiffeur, fçavant, expérimenté, qui connoiffoit le monde.

3. Il crut, préfuma mourir très-certainêment.

4. Quans, *quantum*, combien as tu acquis d'amis.

5. Depuis que tu es au monde.

Li Peres entendi affez
Que nes [1] a pas bien efprouvez.
Moult as, dift-il, bien efploitié,
Se tu i as tant porchacié;
Mais tu ne te dois mie vanter
Ains que viegnes à l'efprouver. [2]
Beax fils, moult a [3] que je fui né,
Et fi n'aige pas tant erré [4]
Que je me foie porchacié
10 Fors d'un feul ami la moitié;
Va toft, efpreuve tes amis
. . . . [5]
Et li Peres li enfeigna
Coment il les efprouvera.
Va, dift-il, ocire un veel,
Et puis le met en un fachel,

1. Que nes, qu'il ne les avoit pas mis à l'épreuve. 2. Avant d'en être venu à l'épreuve.
3. Moult a, il y a long-temps.
4. Je n'ai pas tant travaillé, fi efficacement.
5. Il y a fept vers déchirés dans le manuf-crit, mais cette lacune n'interrompt point le fens du Conte. Le Fils affure à fon Pere qu'il éprouvera fes prétendus amis.

D'aucun

D'aucun home qu'aies ocis ; 1
Fui t'en de nuis à tes amis,
Et lor prie por Dieu merci ;
36 Et di qu'as un home murdri ;
Prie les en totes amors 2
Que il te facent aucun secors ;
Par tant sauras veraièment ,
Se nus t'aime parfitement.
Et li Fils pas ne souplia , 3
Ains fift ce que li commanda ;
Il ala ocire un veel ,
Et puis le mift en un sachel ;
Et si l'ensanglanta de-fors ,
40 Et puis le porta comme un cors
D'aucun home qu'il euft ocis ;
Et vint à un de ses amis,
Et vint à l'us , si apela ,
Et cil dedens 4 li demanda ,

1. Comme quelqu'home que tu aurois tué.
2. Prie les par tous les droits de l'amitié,
de l'amour.
3. Il y a souplia dans l'original, c'est une
faute, il faut lire s'oublia.
4. Celui qui étoit dans la maison.

Qui est-ce là, qui velt entrer?
Quant il l'entendi au parler
Que ce estoit son bon amiz,
Forment au cuer s'en esjoï,
Moult isnelement saillit sus, [1]
50 Et vint corant jusques à l'us,
Il meisme [2] le fist entrer
Gentement le fist apeler,
Et il sitost com il entra,
Son sachel deslier soi gita.
Li Preudon li fist beau semblant, [3]
Et si l'ala moult lozengent,
De sa voüe brt moult liez,
Moult gentement l'a araisnïez:
Que vous soiez li bien venus,
80 Si m'aïst Diex & sa vertus,
Ne se ja Diex me beneïe, [4]
Je vous aim tant come ma vie,

1. Il se leva très-promptement, *igniter.*
2. Lui-même. 3. Preudon signifie ici le
maître de la maison, qui lui fit bone mine,
une bone réception.
4. Que jamais Dieu ne me benisse.

Il n'y a fos Ciel itele rien , x
Que ne feïsse à voftre bien ,
Si m'aïst Diex & fa pitiez ,
Seg'en cuidaffe eftre dannez ,
Ge ne vous faudrois à nul fuer , 2
Tant vous aim-ge dedens mon cuer.
Et li autres li refpondi ,
70 Beax amis , la voftre merci , 3
Or ai meftier que vous m'aidiez ,
Or i parra que vous ferez : 4
Mon pechié m'a encombré ,
Que ge ai un home tué ,
Et fe ge en fui encufez ,
Dont ferai-ge à mort livrez.
Or vos pri-ge por Dieu amor ,
Gitez moi de cefte paor ,

x. Il n'y a fous le Ciel nulle chofe quelle
qu'elle fût , que je ne fiffe pour votre bien.

2. Quand je préfumerois être damné , je ne
vous manquerois en nulle occafion.

3. Je vous remercie.

4. Votre amitié paroîtra par ce que vous
ferez.

Çaiens, où que soit le metez, [1]
80 Que jamais n'en soie restez,
Issi m'en porroie delivrer
Sans doute de cest encombrier ;
Ge l'ai ci o moi aporté
Derriere cel us l'ai gité.
Et quant li autre l'entendi,
Estrangement fu esbahi,
Quida que deïst verité
Quant voi le sac ensanglanté,
Sainte Marie, mere Dé, [2]
90 Me dis tu donques verité,
Que tu aies un home ocis ?
R'enmaine le, où l'as tu mis ?
Et vels tu donc, pour amour Dé
Que je soie deshireté,
Vels tu que je soie pendu ?
Por Dieu, & por sa grant vertu,
Or le repren, s'el porte tost
Ains que le sache le Prevost,

[1]. Mettez-le en quelque lieu que ce puisse
être ici dedans, dans votre maison.
[2]. Mere de Dieu.

Car se le savoit la justise,
100 Ne m'auroit nul mestier joïse ;
Quant li cors seroit ci trovez
Que ne fusse deshiretez,
Ou des membres toz essilliez ,
Ou du païs tos fors chaciez. 2
Porte l'en 3 tost, por Dieu le grant,
Ains que les gens l'aille querant ,
Par la foi que doi 4 saint Tomas ,
Çaiensne remaindra il pas.
Beax Sire, d'autre chose assez
110 Vous pui-ge mostrer amistiez , 5
De mes chiens & de mes oiseax
De mes dras & de mes chevax.
Ge ne me vueil pas encombrer ;
Car l'on sielt dire en reprovier, 6

1. Nul jugement ne me seroit favorable.
2. Ou je serois au moins bani de la patrie.
3. Emporte le , ôte le d'ici.
4. Que je dois à saint Thomas.
5. Je peux vous montrer , vous faire conoître mon amitié en toute autre occasion.
6. Car on a coûtume de dire en proverbe.

Qui le pendu defpendera
De for fon col le fais charra. 1
Li bacheliers 2 s'en eft torné,
Quant fon ami ot efprové;
Encor ne volt il pas laiffer, 3
120 Les autres voloit arefner,
N'en trouva nul qu'il confeillaft 4
Ne nul bon confeil li donaft,
Ains li diftrent qu'il s'en alaft,
Son mort arriere reportaft,
Et fi foffri le peneance ; 5
Ice affiert à tel enfance.
Cil s'en torna, ne pot faire el, 6
Et fi revint à fon oftel,
Si a à fon pere conté
130 Comment il en avoit erré.

1. Le fardeau tombera fur fon col.
2. Un bachelier en géneral un jeune home.
3. Il ne voulut pas s'en tenir-là.
4. Confeiller eft employé non-feulement
pour doner confeil, mais pour aider.
5. La pénitence, enfance eft là pour faute.
6. Ne put faire autrement.

Va, dit le Pere, ge te pri,
S'el ¹ porte à mon demi ami
Et si li di que ge li mant ²
Qu'il te conseit de maintenant.
Li Fiz fist son commandement,
Si s'en torna isnelement,
Et vint à son demi ami,
Et cil l'a moult bien recueilli ³
Pour le pere que moult ama
140 Et cortoisement l'apella,
Et demanda de son ami. ⁴
Sire, il est amaladi,
Mais il m'a ci à vos tramis ⁵
Pour ce que g'ai un home occis,
Si en cuit estre moult detort, ⁶
Se la justise la partort.

1. Et le porte.
2. Que je lui mande de s'aider.
3. L'a très bien reçu.
4. Demanda des nouvelles de son ami.
5. Il m'a envoyé à vous, *transmisit.*
6. Et je pense que j'en serai tourmenté, si
la justice examine ce fait.

Por Dieu vos pri, & pour ses nons;
Ceans, où que soit le muçons, ¹
Tant estes tenus à loial, ²
150 Ja n'en serois resté por mal, ³
Et mes peres moult vous en prie;
Qui sans faintié en vos se fie.
Beax fils, ce a dit li Preudons,
Se Diex plaist, tres bien le ferons:
Sa feme & trestoz ses sergans
Envoia hors, & ses enfans:
Quant tuit s'en furent fors alé;
Puis a tres bien les us fermé,
Puis vait la chambre deffermer;
160 Il i entre, & li bachelier,
Desoz son lit la terre fuet;
Une fosse i fist com estuet
A mettre dedens aucun cors;
Puis comanda à mettre fors,
Ilueques le vorrent bouter,
C'on ne le puist pas trouver.

1. Cachons le en quelqu'endroit que ce soit.
2. Vous êtes connu si fidèle.
3. Je ne serai point reputé pour être méchant;

Et

Et cil quant vit appareillier
Quanqu'il estuet à tel meftier ;
Tot li a conut verité ; [1]
170 Et fi l'en a moult mercié ;
A Dame Dieu l'a commandé ;
Si eft à l'oftel retourné.
Et quant li Peres l'entendi
Qu'avoit fait fon demi ami :
Son fil apele, fi li dift :
Beax fils, ce dift on en refpit :
Itel ami doit on amer,
Et en ce [2] fe doit l'en fier
Qui vous fecort, & qui vous valt, [3]
180 Quant treftoz li mondes vous falt.
Beau pere, dift le Jouvencel,
Garni [4] m'avez & bien & bel ;
Mais talent ai de plus oïr ; [5]
Pour Dieu, fe vous vient à plaifir, [6]

1. Il lui a avoué, il a confeffé la vérité.
2. Et en celui-là. 3. Qui vous fecourt & vous
protege ; valt de *valere*, valet. 4. Vous m'avez
inftruit, prémuni. 5. Mais j'ai envie & grande
volonté d'en écouter davantage. 6. Si c'étoit
votre plaifir.

Dites moi, se vous puet membrer, 1
S'avez 2 oï d'aucun conter
Qui eüst un entier ami,
Volentiers en vorroie oïr.
Oïl, par foi, li Pere dit,
190 Si vous dirai sans contredit.

Le Pere pour satisfaire son Fils, lui
raconte le Fabliau suivant. On le trouve
dans Bocace X. journée, Nouv. 8.

CONTE II.

De deux bons amis loiax.

JAdis furent deux marcheaux
Qui s'entr'amoient loialment,
Onques l'un d'ax 3 l'autre ne vit
Fors par messaige & par escrit,
Et connurent veraiement
Et moult furent verai amant.

1. S'il vous souvient. 2. Si vous avez.
3. Jamais l'un d'eux n'avoit vu l'autre.

Li uns en Egipte menoit, 1
Li autres à Baudas estoit :
Quant li uns à l'autre envoioit
10 Par son messaige li mandoit ; 2
Et li autres li envoioit
Quanque ses amis desiroit.
Ainsi le firent longuement,
Puis avint issi nequedent, 3
Que cil qui en Baudas estoit,
En Egipte aler s'en voloit,
Talent l'en prist trestot de si 4
Qu'il iroit veoir son ami,
Apareille soi, si s'en va,
20 Donc en Egipte ne fina, 5
Quant l'Egiptien entendi
La venue de son ami,

1. Pour manoit, demeuroit, *manebat.*
2. Mander signifie là envoyer.
3. Il arriva ainsi cependant.
4. Il lui en prit envie & resolution déterminée.
5. C'est une faute dans l'original ; il faut
lire dusques ; jusques, il ne cessa jusqu'en
Egipte, il sons-entend de marcher.

En contre vait à mout grant gent, 1
Sel reçut moult joieusement:
A son ostel l'a amené,
Puis si li a assez moutré
Or & argent, & grant chevax,
Ses franchises, 2 & ses oiseax,
Mostre li 3 sa possession,
30 Quanqu'il a li met abandon. 4
De ses amis a fait mander
Pour son bon ami honorer;
Dedoistrent soi moult liement 5
Ensamble huit jors plainement,
Et quant i furent accompli,
Cil de Baudas enmaladi,
Ses amis en fu moult dolent,
Il a mandé hastivement,

1. Il va au devant de lui avec beaucoup de gens, avec grande compagnie.

2. Ses immunités.

3. Il lui montre tout ce qu'il possede.

4. Il le rend maître de tout ce qu'il a.

5. Ils se divertirent très-joieusement.

D'Egipte les Fuificiens, 1
40 Et cil i vindrent de toz fens, 2
Et le malade ont regardé
Souvent li ont le pox tafté ; 3
Ne à l'orine, ne au pox

. 4

Ne truevent pas qu'il foit lié. 5
Quant entendent l'enfermeté,
D'amors quident qu'il foit grevé.
Ses amis 6 l'a moult conjuré
Que il li die la verité,
Dont li foit venu la dolor,
50 S'el li eft venu par amor,

1. Fifician, Fuifician, Phifician, c'étoit un Medecin pour la confultation. Les Mires étoient auffi Medecins, mais ils travailloient de la main, c'étoit proprement les Chirurgiens.

2. Et ceux la, les Medecins, vinrent de tous côtés. 3. Pox, pouls, *pulfus*.

4. Il manque une rime dans le manuf-crit, qui pourroit être fuppléée par ce vers :
A fes paroles, à fes propos,
5. Ils trouvent qu'il n'eft pas joieux.
6. Son ami.

Moult l'en quide bien consoler,
Parquoi 1 en la puisse trouver
En un leu, par tout enquis,
Par qui est si d'amors sorpris.
Et li autre li respondi :
Beax amis, la vostre merci,
Ge vos dirai la verité,
Mon pensé ne vos ert celé :
Vraiement sui espris d'amor,
60 De ce m'est venu la dolor ;
Vis m'est que le cuer me descire,
Se cele n'ai, que tant desire,
Tost morrai en verité,
Se de li n'ai ma volenté.
Ge ne sai pas bien qui ele est,
Ne dont ele est, ne ce que c'est,
Ne sai ore, si sai par foi,
Quar nuit & jor du cuer la voi,
Du cuer la voi, noient de l'ueil,
70 De loins la voi, partant m'en dueil,
Et merveille est, ce m'est avis,
Que mes cuers est por li sorpris,

1. Pourvu que.   2. Non pas de l'œil,

Et si la covoite par amor
Si est ô lui & nuit & jor. 1
Quantriens ne sai de son covine, 2
Se ele est Dame ne meschine
Pour qui est 3 mis en tel error
Et pour qui sueffre grant dolor.
Que est ce or ? 4 Par Dieu ne sai ;
80 Mais mar la vis, mar l'acointai, 5
Je sai très bien par lui morrai,
Ja par el 6 n'en eschaperai.
A ses paroles se torna,
Le cuer li failli, se pasma.
Ses amis qui ce a esgardé,
De sor lui chaï tot pasmé ;

1. Il y a une faute, il faut lire, li sui o
lui, & je suis avec elle.

2. Quand je ne sçais rien de son être.

3. Il y a faute dans l'original, il faut lire,
pour qui je suis mis.

4. Que signifie cela ?

5. A la maleheure, je la vis & à la maleheure je la fréquentai. Cependant ce n'étoit
qu'en idée, puisqu'il ne l'avoir pas veue.

6. Jamais par autre chose.

Cil qui erent tuit environ [1]
Sus & jus par cele maison,
Si fait duel [2] vont tuit demenant;
90 Pleurent li vieil & li enfant,
N'a sos Ciel home en terre né,
Qui n'en peust avoir pitié.
Quant il revint de pasmoison,
Cil esgarda par la maison,
Cuida veoir ce qu'il ama:
Quant ne la vit, si commença
Son duel à demener forment.
He, Diex, vrai Rois omnipotent
Verrai jamais ce que j'aim tant!
110 Nenil, car ne sai tant ne quant
De lui, ne de son parenté.
Ne tant ne sai en verité
Que je la sache nes nomer: [3]
Mais se la poois aviser,
La cognoistroie, ce m'est vis.
Quant ce entendi ses amis,

1. Ceux qui étoient autour de lui, & ceux
qui étoient haut & bas dans cette maison.

2. Si fait de telle façon. 3. Que je la sache
seulement même nomer.

Si fait amener Damoiselles
Moult avenantes & moult beles;
Mais n'i fu pas cele amenée
110 Que il avoit tant desirée :
Si lor dist quant il ne la voit :
N'i est cele que ge covoit. [1]
En la chambre ot une meschine,
Qui moult ert de gentill orine ;
Li Preudom norrir la fesoit,
A mollier panre la voloit :
Au deerain li amena,
Quant li malades l'esgarda,
Du cuer soupira tenrement,
120 Et dist moult escordeement :
En cest est ma vie u [2] ma mort,
D'autre ne puis avoir confort :
Qui de ceste saisi m'auroit, [3]
De toz maux gari m'auroit.
Quant l'enrendi l'Egiptien,
Ne se volt targier nule rien ,

1. Convoite, desire.
2. Ou, *vel.*
3. Qui mettroit cette fille en ma possession,

D

Donée li a volentiers

Enſamble o lui dras & deniers [1]

Et bonement li otroia

130 Quanqu'il o lui panre cuida,

Nes le doere li laiſſa,

Com à ſon oes la maria : [2]

Firent les noces richement,

Aſſez i firent venir gent,

Aſſez i ot chanté de geſte ; [3]

Et moult i firent bele feſte,

Chaſcun s'efforce à ſa maniere,

De faire ilueques bele chiere ;

Et quant treſtot fu acompli,

140 Li Preudom vient à ſon ami,

1. Il dona à ſon ami avec ſa femme prétendue habits & ſommes d'argent.

2. Il la maria comme pour lui, il lui fit les mêmes avantages comme s'il l'avoit épouſée lui-même.

3. Il y eut des meneſtrels, qui chanterent & reciterent des Romans contenant les geſtes & actions des grands homes, & des aventures : ces ſortes de recits rendoient les feſtes célebres & complettes.

Congié prent, si s'en volt aler,
Ne volt iluec plus demorer :
A joie & à deduit s'en va
A sa moillier [1] qui tant ama.
Quant est venus en son païs,
Grant joie en firent si amis,
Et les noces recommencerent,
Tres qu'à quinzaine ne finerent,
En joie & en grant desverie [2]
150 Vesquirent trestote lor vie,
Et moult bonement s'entramerent,
Ains de riens ne se descorderent.
Puis après si avint ainsi
Que cil d'Egipte enpovri, [3]
Trestot perdi quanqu'il ot,
Que il mais aidier ne se pot,
Porpense soi qu'il s'en ira,
Son bon ami esprouvera

1. Avec sa femme.

2. Il y a desverie dans l'original, c'est une
faute, il faut lire druerie, qui signifie joie,
plaisir, caresses, & desverie signifie extravagan-
gance, fureur.

3. Celui d'Egipte tomba dans la pauvreté.

A qui il ot fait tant de bien,
160 Savoir mon, 1 s'il li feroit rien :
Povre desnué s'en torna
Jusques à Baudas ne fina :
Si com l'amena aventure,
Venus i est de nuit obscure,
Esgaré fu & angoisseux,
Et dist : beax Sire glorieux,
Verais Jhesus omnipotent,
Fai de moi ton commandement, 2
Diex tant sui povres & chetis :
170 Mielx vorroie estre mors que vis,
Moult ai esté de riche ator,
Moult est or greindre ma dolor,
Quant de riens ne me puis aidier, 3
Ne ne me sai qui conseillier. 4
Se ge vois tresqu'à mon ami,
Ne me conoistra pas, ce quit,

1. Savoir mon, est le *nunquid* Latin.
2. Fai de moi ta volonté.
3. Quand je n'ai plus rien pour subsister,
que tout me manque.
4. Ni ne sçais de qui je peux prendre con
seil, à qui avoir recours.

N'i feroie pas receüs
Quant n'i feroie coneüs.
Pourpenfe foi qu'il entreroit
180 En un temple qui près eftoit,
Et illeques fe muceroit
Trefqu'au jour cler i demorroit
Tot à loifir, & de jor cler
Iroit à fon ami parler.
Si le fift com ot devifé,
Et com il fu el temple entré,
Uns hom qui ot un autre ocis
Vers le remple s'en vet fuiant,
190 Li citoian le vont chaçant,
Dedens le temple font entré,
L'Egitifien i ont trouvé
Et ont demandé & enquis,
Ou cil eft qui a l'ome ocis:
L'Egitifien lor a dit,
Qui fa vie prifaft petit,

1. Il manque un vers dans l'original, qui peut être suppléé par celui-ci:

Qui pour efchiver * d'être pris.

* Pour éviter.

Ge l'ai ocis, n'en quier mentir,
Faites de moi voftre plaifir,
Quar par mort cuida definer,
200 Sa povreté, fon encombrier.
Cil le faifirent & lierent,
Et en la chartre le geterent,
Et au matin le ramenerent,
A la juftice le livrerent.
Jugiez fu, quar nel volt deffendre,
Et as forches fu menez pendre.
Plufeurs gens i font acouru,
O les autres fi eft venu
Son bon ami qu'il tant ama
210 Pour qui eft venu jufques la,
Si l'efgarde ententivement
Conut le bien eflitement, 1
N'a pas en oubliance mis
Ce qu'il li fift en fon pais;
Quant autrement nel peut deffendre
Pour lui fe voloit faire pendre;
A haute vois lore s'efcrie,
Que faites vos, nel pendez mie;

1. Il le connut bien diftinctement.

A grant tort avez celui pris,
220 Vez-moi ci qui l'ome ai ocis,
Et le faisirent & lierent,
Et l'autre tantost delivrerent.
Li omecide illuec estoit
Qui la folie fait avoit,
Si se commence à pourpenser
Quant le Preudome en vit mener.
Icist est par moi travailliez, [1]
Et ge qui ai fait le pechié,
Sui sain, delivres, ce est tors,
230 Se il est par mon pechié mors,
Et Dame Dieu l'a bien veü,
Ou ci, ou aillors m'ert rendu, [2]
Où toz biens ert guerdonnez,
Et chafcun mal ert comparez.
Ja, se Dieu plest ne sofferray
Qu'il pour moi muire, ainsi morrai,
Et mon pechié descouvrerai,
La verité en conoistrai,

1. Celui-ci est pour moi tourmenté, puni.
2. J'en serai puni ici ou ailleurs.

Mielz vueil soffrir à la justise ,
240 Que rendu me fust au juise ,
Ou chascun son œuvre verra
Selonc ice que fait aura.
Son pechié conuist , si fu pris , 2
Et fu liez com nn chaitis ;
Les jostises qui iluec erent 3
Moult durement s'esmerveillerent,
Ne porent entr'ax à fin traire
Quel jugement en puissent faire ,
Tos trois les tinrent & lierent,
250 Et au Roy si les présenterent
Et il li ont tout coneü
Coment il lor est avenu.
Et li Rois moult s'esmerveilla ,
La verité lor demanda ,
Commanda lors qu'il ne celaissent
Et la verité lui contaissent ,

1. J'aime mieux souffrir la justice des homes,
que d'être puni lors du jugement de Dieu.
2. Conoître, c'est avouer, confesser, déclarer.
3. Les juges qui étoient là. 4. Ne purent
entre eux terminer, decider cette affaire.

Deissent

Deiſſent li la verité,
Treſtot lor ſeroit pardoné.
Et cil li ont tout aconté
260 Coment la choſe avoit alé.
Quant ot oï coment ala,
Tos quittes aler les laiſſa.
Li Preudon qui d'iluec ert né,
Quant ſon ami ot recouvré,
A joie & à proceſſion
L'en a mené en ſa maiſon;
Servir le fait moult gentement,
Et puis li a dit bonement,
Se tu vuels o moi remanoir,
270 Ce ſaiche Dame Dieu le voir,
Que ja nul jor ne te ſaudrai,
Tant com ge nul bien aurai
Soies Seignor de quanque g'ai,
Ja ſor toi riens ne retenrrai: 1
Et ſe tu vuels miex retourner
Que en ceſt païs demorer,

1. Je ne reſerverai rien pour moi. Je t'abandone tout.

E

De trestos les biens que ge ai,
La moitié, ou plus te donrai.
L'Egitisiens respondi,
280 Beax amis, la vostre merci,
Talent me prent de retorner,
En mon païs m'en vueil aler.
Moult par fu Preudons ses amis,
Tout son avoir li a pramis,
L'Egitisiens s'en est alez,
A moult grant joie est retornez.
Donc, dist li Fils, si com g'en-
     tent,
Moult s'entr'amerent loiaument,
Or ne porroit l'en pas trouver
290 Home qui si seust aviser. 1
Et ses Peres li respondi :
Tu as dit voir, ce m'est avis.
Li siecles vait moult declinant ;
De jor en jor vait empirant ;
Et chascun jor empirera,
Jamais nul jor n'amendera ;

1. Home qui sçût agir ainsi.

Et pour ce qui trouver peüſt
Nul bon ami où que ce fuſt, 1
Moult le devroit l'en bien garder,
300 Et Dame Diex moult mercier :
Tant i a de fains & de fax,
Et tant i a pou de loiax,
Que nuls ne ſauroit pas de fi,
Qui eſt amez, ne qui ami.
Pour ce te garni-ge, beax fils,
Se tu as cure de mes dis. 2

Le Fils frappé de ces traits de géné-
roſité, prie ſon Pere de continuer ſes
inſtructions : le Pere, charmé de voir
que ces leçons lui font impreſſion, lui
conſeille de prendre garde aux gens
avec qui il liera ſociété ; il lui recommande d'éviter la compagnie des trompeurs, des plaideurs, & des méchans ;
il lui recommande ſpécialement de ne
point s'allier avec ſon enemi, & de ne

1. En quelque lieu que ce fût.
2. Si tu fais cas de mes diſcours.

pas dire facilement ſa penſée. Il faut ,
dit-il , fuir les ingrats , qui ſont des
monſtres horribles. Pour lui rendre cette
vérité plus ſenſible , il lui raconte la
Fable ſuivante.

CONTE III.

De l'Home & du Serpent.

UN Preudome en un bois entra ,
Et une Serpent y trouva
Lié à un tronc fermement ;
Et pitié l'en priſt durement. 1
Vint avant, ſi la deſlia ,
Miſt l'en ſon ſain , ſi l'eſchauffa.
Li Serpens par l'eſchauffeure
Eſt revenue à ſa nature ,
Entor le Preudome ſe çaint ,
10 Et angoiſſeuſement l'eſtraint. 2

1. Il en eut grande pitié.
2. Et le ſerre avec douleur ; ce mot , angoiſ-

Li Preudome diſt : coment ce vait,
Tu me fais mal par mon bienfait ?
Li *Serpens* reſpont, ſi li diſt ;
Ge fais ma nature, ce quiſt. 1
A tant vint un goupis errant,
Et les oï contraliant,
Demanda lor que ce eſtoit,
Porquoi li Preudons ſe plaignoit ;
Et cil li a tot coneü
20 Coment il li eſt avenu.
Et diſt li Goupil, ge ne ſai
 Quel jugement faire en devrai,
Pour choſe que vous me diez,
Se vous à l'ueil ne me monſtrez.
Li Serpens relier ſe fiſt ;
Et li Goupils donques li diſt :
Serpens , ſe tu pues deſlier,
Penſe c'or en as tu meſtier.

ſeulement, eſt très-expreſſif, il a été ſupprimé
de notre Langue ſans raiſon, *anguſtè* en Latin.
 1. J'agis ſuivant mon naturel je penſe.
 2. Il leur demande de quoi il étoit queſ-
tion.

Et tu Preudom, ne te haster ¹
De ton anemi descombrer,
Tu ne dois pas desencombrer
Celui qui te velt mal mener.

Le Pere après cette Fable récitée, conseille à son Fils, que lorsqu'il sera dans l'embarras, il doit faire tous ses efforts pour en sortir, & à quelque prix que ce soit. Que si on l'impose à des charges publiques, il doit satisfaire & paier la somme à laquelle il aura été imposé, de crainte que les délais ne doublent la somme. Pour lui rendre cette vérité plus sensible, il lui raconte l'aventure d'un Poëte & d'un Bossu, qui est précedée d'un petit trait de morale qui n'est pas à négliger.

Beax fils, se tu pues eschaper
Legierement d'un encombrier ;

1. Façon de parler fort usitée dans les siécles reculés de se servir de l'infinitif pour l'impératif.

Mais qu'il te doive auques coster 1
Delivre t'en sans demorer.
Petit domage molt souvent
Escuse 2 grant encombrement.
Aucune fois par beau parler
Maint hom porroit eschapper,
Mais il vont itant baretant,
Que plus li convient mettre avant, 3
Si com au Boçu avint ja,
Qui pour un denier, cinq paia.

CONTE IV.

D'un Versefierres & d'un Boçu.

UNs Versefierres jadis estoit,
Qui bons vers, & bon dis fesoit
C'un bons vers faire se pena,
Et à un Roi les presenta.

1. Quoiqu'il t'en doive couter alors.
2. Escuser, pour éviter, empécher
3. Qu'il lui convient payer davantage.

Li Rois les oï bonement,
Quar fait li furent à talent. 1
Et puis dist au Verfefieur
Moult bonement, & par doceur;
Demande ce que tu vorras,
10 Et ge te di que tu l'auras.
Et li Clers donc li refpondi,
Beax Sire Rois, voftre merci.
Or vous ving-ge donc demander.
Que ge puiffe eftre un an portier,
Se vous plaift, en cefte cité,
Ice me venroit moult à gré, 2
Si com ge porrai devifer, 3
Que je puiffe avoir un denier,
De tegnos, de boçu derrier,
20 Et de monongle, & d'erengier.
Et cil qui le bras tort aura,
Sans un denier n'efchapera, 4
Et li Rois bien li ottroia,
De fon feel li conferma.

1. A fon gré. 2. Cela me feroit fort agréable.
3. Ainfi comme je le pourrai arranger.
4. Ne paffera pas fans paier un denier.

Cil

Cil ala la porte garder,
Et fist si com il dust aler. 1
Par aventure i est venus
Un enchapé vileins Boçu,
Li Clers l'a tantost aresnié. 2
30 Et li demanda un denier,
Et cil ne li volt pas doner :
Li Clers nel laissa pas aller,
Ains a veü & esgardé
Qu'il avoit un oeil crevé,
Un autre denier demanda.
Nel volt doner, cil le saicha,
Le Chapel li a abbatu,
Que tigneux ert, bien l'a veü,
Nel le lairra à tant passer,
40 Trois deniers li convient doner ;
Li vilains nes volt pas paier,
Par foïr cuida eschaper, 3

1. Il fit ce à quoi il s'étoit resolu.
2. Clerc signifioit en général un home let-
tré, ce Clerc porte la parole au Bossu.
3. Il s'imagina s'échaper par la fuite, mais
le Clerc s'opposa à son passage.

F

Mais li Clers encontre li vint,
Et tot par force le retint.
Li vileins se prist à deffendre.
Quant il volt avant le bras tendre,
Li Clers moult bien s'en apperçoit
Que les bras andels tors avoit 1
Or est venus à l'empirier, 2
50 Paier convient le quart denier.
Li Clers la chape li toli,
A tant li vileniax chaï, 3
La teste à val, les piés à mont:
Bien voient tuit cil qui i sont,
Que hergneux estoit li vilains,
Cil n'estoit mie du tot sains,
Cinq deniers li convient paier.
Ne s'en puet pas el eschaper. 4
Primes, se pot il aquiter,
60 Se il vosist por un denier,

1. Qu'il avoit les deux bras torts , andels ,
ambo.　2. Il a empiré son affaire.

3. Alors le vilain tomba la tête en bas , les
pieds en haut. 4. Ne s'en peut échaper el ,
c'est-à-dire autrement.

Puis paia cinq par folie,
Et fi refust grant vilenie,
Tres bien batus & defachiez
Et com maftin fu huiez.
Et dift li Fils, bien fui garni
Par la folie de ceftui.

Le Fils charmé des ces leçons amu-
fantes, engage fon Pere à continuer ; ce
que ce bon Pere fait, en lui confeillant
d'éviter la mauvaife compagnie, & de
s'en retirer promptement, s'il avoit le
malheur de s'y trouver.

Beax Fils, ne paffes-tu noient,
La où tu verras male gent.
Se tu i paffes, n'efter pas ;   ɪ
Se tu eftois, mar i feras. 2

ɪ. Voilà encore un infinitif pour un fubjonctif, ne refte pas, *ne ftes.*
2. Si tu reftois, tu y ferois mal, *fi ftares*,
le verbe eftre n'eft point le Latin *effe*, mais
ftare, il eft à la porte, *ftat ad oftium.*

Et pour le convaincre de cette vérité,
il lui recite le Conte suivant.

CONTE V.

De deux Clers.

DUI Clers alerent contre nuit 1
A une cité à deduit :
Près d'une maison approcherent,
Où beveor en deduit erent.
Dist li uns 2 à son compaignon,
N'alons pas à cele maison,
Où beveor sont assemblé,
Que nos n'i soions encombré ;
Quar li Filosofes nos dit,
10 Si com nos trovons en escrit,
Que nos ne passons par la gent 3
Qui se contienent folement :

1. Deux Clers allerent aux approches de la nuit, à une ville pour se dissiper.

2. Dit l'un des Clercs.

3. Passer, est ici pour fréquenter, on dit encore passer son temps avec quelqu'un.

Et li autres li respondi,
Ja mal n'arons pour passer ci.
Ne sais que dis, passons avant 1
Nos n'i demorrons tant ne quant.
Quant vindrent entor la maison,
La voiz oent d'une chançon ;
Mais li autre se departi,
20 Et son compagnon deguerpi,
Et cil qui là remés estoit
Quant ses compains guerpi l'avoit,
Il entra en une maison,
Tant a envia cele chançon.
Entra, si fu moult honorez,
De totes pars fu apelez ,
Tant, qu'entre les autres s'asist,
Et en la folie se mist. 2
Atant vint li bedeax corant
30 Qui alloit un larron querant,
Si entra en cele maison,
Iluec a trouvé le larron,

1. Tu ne sçais ce que tu dis, passons
outre.
2. Il s'enyvra, & fit comme les autres.

Et dit tuit cil sont compagnon, 1
Et ci est l'ostel au larron.
De leans ist, si repaira, 2
Trestoz sont pris quanqu'il i a,
A la justise sont mené,
Et au deffaire sont livré. 3
Dont dit li Clers, quant il l'entent
40 Qu'il avoit erré folement.
Qui se met entre fole gent,
Voirement vait sa mort querant.

Le Pere en continuant de doner des instructions à son Fils, lui fait un portrait affreux des mauvaises femmes, il l'exhorte fortement à ne les pas croire, & à ne pas les suivre.

Beax Fils, sui 4 Lion & Dragon,
Ors, Liepart, & Escorpion ;

1. Tous ceux-là sont complices.
2. Il sortit de là, & s'en retourna.
3. Sont livrez à mort.
4. *Sequere.*

La male feme ne sui mie
Pour lozenge que l'on te die.

Il lui raconte les trois aventures sui-
vantes, pour lui faire connoître de quel-
les ruses elles sont capables.

CONTE VI.

De la Male Feme.

G'OÏ ja ₁ d'un Prudome dire
Qui aloit vendenger sa vigne. ₂
Et sa feme quant l'entendi,
Envoia tost por son ami,
Quida que peüst par loisir
Son ami avoir & joïr. ₃

1. J'ai oui dire ancienement d'un home.
2. La rime n'est ni leonime, ni consonante,
elle est telle dans le manuscrit.
3. Elle s'imagina, elle présuma qu'elle auroit le temps d'avoir son galand & d'en jouir.

Li sires revint erramment,
Quar bleciez fut fort malement,
En un des els, que point n'en vit,
10 Bleciez estoit d'un rain petit, 1
Si que 2 de cel oeil point ne vit.
Vint à l'ostel, hurta. Du lit
La Dame moult tost sus saillist 3

En son lit met le lecheor; 5
Puis ouvrit l'uis à son Seignor.
Le Preudome se volt reposer,
Son lit comande à atorner,
Blecié se senti malement,
20 De l'ueil ne cuide veoir nient.
Mais la Dame ot moult grant paor
Qu'il ne trovast le lecheor.
Beax Sire, dites moi porquoi
Que venez vos par tel effroi ?

1. Il étoit blessé par une petite branche.
2. De maniére que.
3. La femme se leva bientôt de son lit.
4. Il manque une sixiéme rime en it, mais
le sens n'y est pas moins.
5. Lecheor, galand, *luxuriosus.*

Or

Or me dites par amitiez ,
Se vous plaist , ains que vos cou-
    chiez.
Et li Prudons li a monſtré ,
Coment il a l'ueil mal mené.
La Dame forment ſe demente , 1
30 Come s'ele fut au cuer dolente :
Beax Sire , diſt ele , entendez,
Le ſain oeil me laiſſiez charmer , 2
Qu'à l'autre autel n'aviegne , 3
Que Diex voſtre vie maintiegne.
Cil cuida que ele deiſt voir ,
Si li acompli ſon voloir , 4
Sor le banc moult ſoef s'aſiſt ,
Et ſa bouche à ſon hueil miſt ,
Et pria que clos le teniſt
40 Juſques à tant qu'elle li deiſt.
Tant le truilla & le charma ,
Que li lecherres s'en ala.

1. Se lamente , pleurt fortement.
2. Il faut lire , charmer me laiſſiez.
3. Afin qu'il n'en arrive autant à l'autre.
4. Il fit ce qu'elle exigea de lui.

G

Et dist li fils : beau pere,
Ceste fu de male maniere.

CONTE VII.

Autre de la male Dame. *

UNs hom dist qu'il ot grant co-
        raige 1
D'aler en un pelerinage.
Aler volt requerre saint Pere. 2
Sa feme bailla à sa mere,
Que la gardast & chastoiast,
Qu'ele entre-tant ne foloiast.
La feme un sien ami avoit,
A qui deduire se soloit. 3
Mander le fist privéement
10 Mengier & boivre o lui souvent,
La mere bien le consentoit
O ax menjoit, o ax beuvoit.

* Il est sans intervalle dans le manuscrit.
1. Il voulut aller prier saint Pierre.
2. Avec qui elle avoit coûtume de se divertir.

Com enſamble furent un jor ,
Eſtes vous à l'us le Seignor , 1
Hurta à l'us , ſi apela ,
Et ceus dedens moult effrea.
Primes mucent li lecheor ,
Puis vinrent à l'uis au Seignor.
Li preudons eſtoit moult laſſez
20 Quar moult avoit de jors errez. 2
Son li comande à atourner ,
Quar meſtier ot de repoſer.
La fame moult esbahie
Que conſeil ne ſe ſot mie : 3
Et la mere ſe porpenſa
Com faitement l'en gitera : 4
Sa fille apelle , ſi li diſt .
Quant ſi esbahie la vit :

1. Voici le Maître à la porte.

2. Car il avoit marché pendant pluſieurs jours.

3. Il y a une faute dans l'original : il faut lire conſeiller. Elle ne ſçut quel parti prendre , elle ne ſçut s'aviſer des moyens de ſe tirer d'afaire.

4. Comme elle le fera ſortir adroitement.

        Pour amour Dieu le glorioux [1]
30   Que est devenu le veloux
        Que fis à lui apareillier ?
        Monstre li ains qu'il aut couchier, [2]
        Ja deïs tu qu'il le verroit
        Si tost com en l'us enterroit.
        La vieille cort aporter ,
        Et vint à l'uis com pour monstrer ;
        L'une des cornées en leva, [3]
        Et l'autre à sa fille bailla ,
        Tant l'ont devant lui estendu ,
40   Que li lecherres est issu.
        Et dist li Fils, par saint Denis ;
        Ceste ot assez de mal apris.
        Encor vous convient plus conter ;
        Que moult m'est bon à escouter ;
        Et ses Peres li otria ,
        Un autre Conte li conta.

   1. Il y a gloriox dans le manuscrit.
   2. Montre le lui avant qu'il aille coucher ;
tu avois dit que tu le lui ferois voir aussitôt
qu'il auroit passé la porte, qu'il seroit entré
en la maison.   3. La mere leva un coin de
la piéce de velours, & la femme l'autre.

CONTE VIII.

Autre de la Male feme.

SI dit : d'un autre oï conter
Qui en oroïson volt aler,
Sa moillier qu'il avoit moult chiere,
Laiſſa en la garde ſa mere, 1
Et ele 2 un jouvencel ama,
Et à ſa mere le moſtra : 3
La mere pas ne li vea,
Mais bonement li otroia.
Un jor le jouvencel manderent,
10 Et un bon digner apreſterent,
Deduiſtrent ſoi privéement,
Au bon vin cler & au piment ;
S'il autre eſbatement i orent, 4
Cil qui furent bien le ſorent.

1. De ſa mere. 2. Et la jeune femme.
3. Et le fit connoître à ſa mere.
4. S'ils eurent d'autres plaiſirs, d'autres amu-
ſemens, ceux qui y étoient l'ont ſçu.

Atant estes vos le Seignor;
Il huche, & celes ont poor,
Trestout lor esbanoiement
Lor est torné à malement.
N'i ot liu où celui boutassent, [1]
20   Ne si en haste le muçassent.
La vieille pas ne s'oublia,
Derrier l'uis le vassal muça,
Bailla li [2] une nue espée,
La vieille n'ert pas esgarée, [3]
Loa li [4] que mot ne sonast
Se li Sires l'aresonast;
Mais il li feist tel semblant
Com s'il eust poor moult grant;
Puis s'en alla l'us deffermer,
30   Et laissa le Seignor entrer.
Si tost com entra le Seignor,
Garda, [5] si vit le lecheor,

1. n'y avoit point de lieu où le mettre &
promptement le cacher.   2. Lui dona.
3. N'étoit point troublée, déconcertée.
4. Lui conseilla de ne dire mot, si le maître lui parloit.   5. Regarda.

Etdemanda qui est-ce là ?
Et cil nul mot ne sona ,
Si estoit com hom esbahi.
Li Prudons moult s'en esperdi. 1
Sire, dist la vieille au Seignor:
Sire, merci, pour Dieu amor 2
Dui home vinrent si corant ,
40 Cest hom devant ax chaçant ,
Tot le voloient desmembrer,
Çaiens le laissames entrer :
Partant li rendimes la vie :
Se ce ne fust, n'en eust mie. 3
Quant il vous oï à cel hus ,

. . . .

Effraez fu , ce lui fu vis 4
Que fussiez de ses anemis.
Et li Prudons moult liez se fist
50 Quida verité 5 li deist

1. Le maî fut tout surpris , étonné.
2. Pour l'amour de Dieu.
3. Si nous ne l'avions retiré , c'étoit fait de
lui , il seroit sans vie.   4. Il lui sembla , il
lui fut avis.   5. Que la vérité.

Et dist la Dame, Dieu merci , 1
Que vos de mort l'avez gari ,
Puis lui dist que venist avant ,
Mar eust poor tant ne quant , 2
Ensemble beurent & mengerent ,
A la nuit le laissierent.
Ice vint sa fille à talent , 3
Plus li plaist que nul estrument.
Beax Pere , dit-il , or avant ,
60 Des femes ne laissiez à tant ,
Deduit i a , & ensement 4
I a moult grant enseignement.

Le Fils , comme on le voit par les derniers vers du Conte huit , prenoit plaisir à entendre raconter les ruses &

1. Et dit à sa femme qu'il falloit en remercier Dieu, de ce qu'elle l'avoit garenti de la mort.
2. Il n'eut alors aucune peur.
3. Ce que fit la mere plut à la fille , elle prit plus de plaisir à cette tricherie qu'à nulle autre instruction.   4. Ne cessez pas de me raconter les tours des femmes , il y a plaisir à les entendre , & on en peut profiter.

fourberies

fourberies des femmes, il excite son Pere à continuer sur cette matiére ; mais le Pere qui étoit fatigué par ces longues instructions, & par le récit des huit Contes, lui demanda un peu de répit ; il se justifie ingénieusement par le Conte qui suit.

CONTE IX.

Du Fableor. *

UN Roy un Fableor avoit,
A qui deduire se souloit. 1

*Fableor, étoit un raconteur, *fabulator.* Fabloier étoit raconter, non seulement des Fables, mais toutes Histoires en général ; *Fabulari*, avoit cette signification, de réciter proprement. On le voit dans S. Luc Evangeliste, Chap. 24. Deux Disciples vont à Emmaüs. *Et ipsi loquebantur ad invicem de his omnibus qua acciderant, & factum est dum fabularentur, & secum quarerent.* Ils fabloioient de la mort de J. C. Les Princes avoient des raconteurs, comme aujourd'hui des Lecteurs.

1. Avec lequel il avoit coûtume de se dissiper

Une nuit avoit mou't conté ;
Si que tot *1* en estoit lassé,
Requist le Roy qu'il puist dormir ;
Mais le Roy ne le volt souffrir ;
Commanda li que plus contast, *2*
Et d'un grant Conte s'aquitast,
Et puis le lairroit resposer.

18 Plus ne li querroit demander.

Quant el ne pot, *3* si li conta,
Et si faitement *4* commença.
Uns hom estoit qui cent sols ot ;
Et berbis achater en volt :
Deux cens berbis en acheta,
Chascune six deniers couta.
Ses berbis chaça vers moisson ; *5*
Si estoit en cele saison,

1. De maniére qu'il étoit très-las.
2. Il lui commanda de continuer à raa
conter.
3. Quand il vit qu'il ne pouvoit faire autrement.
4. Et commença de cette façon.
5. Il faut lire maison.

Que les eves font auques lées,   1
20. Et par croiffance defrivées :
Quant il ne pot nul pont trouver,
Ne fait par où il puiffe paffer.
Atant trueve une nacelette
Qui moult ert foible & petitette,
Ne pot que deux berbis porter
Et celui qui les dut paffer.   2
Li vilains deus berbis i mift,
Il meifme au gouvernail fift,   3
Moult fouavet s'en vait nagant.   4
30. Li Fablieres fe tuft atant.   5

1. Que les riviéres étoient larges alors, &
étoient débordées par les crues d'eau. Eve,
Aive, Eau, *Aqua*. Ce mot ainfi diverfement
écrit, ne fignifioit pas feulement l'eau en
général, mais la Riviére, l'eau, l'eve : l'aive
de la Seine, le fleuve de Seine, & en Latin
Aqua Sequana, *Aqua Ligeris*.
2. Avec celui qui les devoit paffer.
3. Lui-même s'affit au gouvernail.
4. Il s'en va navigant très-doucement, fouavet, *fuaviter*.
5. Le raconteur fe tut alors.

       Li Rois l'ala moult semonant ;   1
       Quar contez tost, dist il avant,   2
       Sire, dist il, la nacelette
       Est moult foible & petitette
       L'aive est moult grant outre passer,   3
       Berbis i a moult à porter ;
       Or laissons les brebis passer,
       Et puis porrons assez conter.
       En telle maniere, dist li Peres
40   Se delivra li flaboieres,
       Et ainsi me deliverrai
       Quant ge mais avant n'en porrai.   4

Le Pere se reposa ainsi, mais le Fils, toujours desireux de s'instruire, après quelques momens, engagea son Pere à continuer ; le Pere ceda aux empresse-mens du Fils, & lui raconta l'Histoire suivante.

   1. Semonant de semondre, inviter.
   2. Continuez à raconter.
   3. La riviére est très-grande à passer.
   4. Lorsque dans la suite je serai fatigué, que je ne pourrai plus raconter.

CONTE X.

De la male vieille qui Conchia
la preude Feme.

UNs Preudons ç'ai oï conter, 1
Voloit en oroïsons aler ;
Feme ot bone, & moult onorée, 2
Si fu de Chaaſtée provée. 3
Li Preudons la tenoit moult chiere,
Car ele ert de bone maniere : 4
En ſa beauté ſe fia bien,
Ne l'a meſcreüe de rien ; 5
Conue l'ot en tele meſure 6
10 Que de lui garder ne priſt cure ;

1. Que j'ai oui raconter, dont j'ai oui raconter.
2. Il avoit une femme.
3. Elle étoit chaſte à toute épreuve.
4. Car elle étoit de bone conduite.
5. Il ne ſe méfioit nullement d'elle.
6. Il la connoiſſoit ſi reglée dans ſa conduite, qu'il ne s'étoit jamais embarraſſé de l'ob-

Qu'il cuida que son coraige
Ne li laissast pas faire ostraige.
Cil s'en ala en son voyage ;
Cele remaint qui moult fu saige,
Et de bien faire s'entremist,
Et que ele grant paine i mist :
Assez se contint chastement,
De foloier n'ot nul talent. 1
Un jor la vit un jouvenceax,
20 Qui moult ert avenant & beax ;
Si l'esgarda, que moult ert bele.
Gent ot le cors, color novele,
S'empres i torne son coraige, 2
Tantost est entrez en la raige.

server, il pensoit bien que son cœur ne la por-
teroit jamais à faire aucun outrage, c'est-à-
dire à passer les bornes prescrites par la pro-
bité.

1. Elle n'eut aucune envie, aucune volonté
de s'écarter du droit chemin.

2. Après l'avoir vue, il y met toute son affec-
tion, & bien-tôt il en devint éperduement
amoureux, amoureux à la rage.

Par mesaige, par mandement 1
Li fist entendre son talent ; 2
Moult la requist, moult li pramist,
Celé nule garde n'en prist ; 3
Ne pot nule riens esploiter
30 Pour riens que il seust proier.
Cil devint mornes & pensis,
Forment en est amaladis ;
Et ne pourquant où l'ot veue,
Souvent vait parmi cele rue ;
Moult se delite à esgarder
Quant il la pooit encontrer,
Mais atant li fu si pourpens 4
A poi ne li failloit le sens. 5
Com il aloit si complaignant,
40 Et de ses els forment plorant,
Une vieille a encontrée
En guise de Nonain velée 6

1. Par Lettres. 2. Son dessein, sa volonté.
3. N'y fit aucune attention.
4. Ses réflexions furent poussées si loin,
5. qu'il pensa en perdre l'esprit.
6. En maniére d'une Religieuse voilée.

Demanda li priveement 1
Dont venoit cel marrement. 2
Cil ne li osa pas gehir, 3
Ne son coraige descouvrir 4
Diva, fait ele, beax amis,
Tu n'es pas saige, ce m'est vis,
Com plus longuement celeras,
50 Ta malage, plus tard garras;
Se ge t'enfermeté savoie,
Ge quit que moult tost te garriroie. 5
Conu li a cil en requoi 6
Dont li est venu tel effroi.
Quànt la vieille a entendu
Dont si grant mal li est venu,
Dist li, ne t'esmaier de rien, 7
Ge te conseillerai moult bien.

1. Elle lui demanda en particulier.
2. D'où lui venoit cette tristesse.
3. Le jeune home n'osa lui avouer.
4. Ni lui découvrir le fonds de son cœur,
sa pensée.
5. Je pense que je te guerirois bientôt.
6. Il lui a avoué en secret.
7. Esmaier pour l'impératif, ne t'étone de rien.

Cele

Cele à son oſtel repaira ,
60 Et li jouvenceax s'en torna.
Moult ert la vieillote cointeſte ; 1
Norri avoit une liſſette ,
Trois jors la fiſt ſi geüner ,
Que riens ne li laiſſa gouſter ;
Au tiers jors quant ele menga ,
En ſe veüe treſtot moilla , 2
Li ſenevez qui fors eſtoit
Les els li fait cuire à eſploit. 3
La pute vieille s'en torna
70 Et ovec ſoi ſon chien mena ,
En la maiſon s'en torne droit
Où la preude femme menoit 4

1. La vieille étoit très adroite, fine, ruſée :
corruption du mot cointe qui a ces ſignifications, pour rimer à liſſette , qui eſt une petite
chiene , diminutif de lice ou liſſe , femelle de
quelqu'animal que ce ſoit , d'où notre mot
liſette , une petite liſſe , une petite chiene.

2. Sa vue fut toute mouillée de la chaſſie ,
exprimée par le mot ſenevez.

3. Lui cauſoit à propos des demangeaiſons
aux yeux. 4. Manoit, demeuroit.

Que cil jouvenceax tant ama ,
Pour qui ceste œuvre commença.
Quant ele en la maison entra ,
La Dame moult bel l'apela ,
N'i pensa point de traison
Por ce qu'ert de religion. ,
  Quant vit les els au chien lermer ;
80 Dont li commence à demander
Dame , dist ele , par quele rien 2
Lerment tant li oil à cel chien ?
La vieille commence à plorer,
Et tendrenent à souspirer :
Dame , dist la vieille , laissiez , 3
Pour amour Dieu , ne m'aresniez ; 4
Se vous l'achoison saviez ,
Certes grant Dueil en auriez.
Donc à primes fu convoitose , 5
90 La bone feme , & desirose

1. Parce qu'elle étoit une Nonain.
2. Rien, chose, *res, quare*, par quelle raison.
3. Cessez vos soupira. 4. Pour l'amour de
Dieu ne me parlez pas de cela. 5. Dans
le moment la bone femme fut convoiteuse,
desira ardemment.

Qu'ele l'achoifon li deift,
Dont cel marrement li venift.
La vieille n'eft pas efgarée, [1]
La truille lui a toft trouvée :
Dift la vieille mal enartée, [2]
Cefte lifle eft de ma char née,
Mefchine eftoit & bele faige,
N'ot plus bele en tot mon lignage :
Un bachelers la convoita,
100 Et moult durement la ama,
Moult la requift, moult li pramift,
Mais ele du tot le defpit, [3]
Cils devint mornes & penfis
Et durement enmaladis,
Pour engoifle l'eftut morir, [4]
Ne pot par autre fin garir,

1. Ne fut point embarraffée.
2. Qui avoit un mauvais efprit, qui étoit
fubtile, rufée, trompeufe.
3. Mais elle le méprifa entierement.
4. Il lui convint mourir par les peines qu'il
fouffroit. Que ce mot angoiffe eft énergique.
Que l'on m'en cite un de tous ceux qui nous

Mais Dame Diex bien le venga,
Que ma fille en lisse mua. 1
Quant la prude feme l'entent,
110 Au cuer en ot grant marrement
Et poor a d'estre afolée 2
De celui qui l'avoit amée.
Dame, dist-ele, que feral,
Certes, se aucun conseil n'en ai ;
Ge criem moult d'estre desjoglée, 3
Et par tel achoison muée. 4
Uns hom est si pour moi marri,
Ge criem qu'il soit amaladi,
Que se il pert pour moi la vie ,
120 Ge criem moult estre mal baillie. 5
Ce dit la vieille, qu'avez fait ?
Si l'avez mis en tel deshait , 6

restent qui le puisse remplacer , pour exprimer
celui des Latins *Angustia ?*
    1. Dieu changea ma fille en chiene.
    2. Et elle a peur d'être troublée.
    3. Je crains beaucoup d'être raillée.
    4. Et pour un tel sujet être changée en chiene.
    5. Je crains d'être tourmentée.
    6. En tel déplaisir, chagrin,

Certes s'il pert par vos la vie,
Vous en ferois enfin honie :
Se feuffe la druerie 1
Ains qne ma fille fuft honie 2
Entre le bachelers & lui,
Certes nul d'ax ne fuft honi. 3
Quant la bone feme l'entent,
230 Merci li crie durement :
Ha Dame quar me confeilliez
Pour amour 4 Dieu le Roy du Ciel. 5
Cele refpont moult fimplement,
Ge volentiers & bonement,
Ce foit par tel entention,
Que Diex me doint remiffion,
Si li plaift, de toz mes pechiez.
Et la vieille l'enchaï as piez, 6

1. Si j'avois fçu l'amour qui étoit entre ma fille & le jeune home. 2. Avant que ma fille eut été détruite, changée. 3. Certes aucun d'eux. 4. Pour amour de Dieu.

5. Mauvaife rime, un autre auroit mis Ciez pour Ciel. 6. Se mit à fes pieds, tomba à fes pieds.

Le bacelier li amena,
140 Priveement les assembla. 1
    Tant fist la vieille mal artouse, 2
    Que fist putain de bone espouse;
    Ne se travailla pas en vain,
    De preude fame fist putain,
    Et dist li Fils, par saint Elaire, 3
    Ceste fu moult de male affaire. 4
    Et dist li Peres, nul gaitier 5
    N'i porroit valoir un denier.

1. Les mit ensemble, en particulier.
2. La vieille, fourbe, rusée.
3. Saint Hilaire.
4. De mauvaises mœurs, de mauvaise conduite, de mauvais conseil.
5. La garde des femmes est inutile.

CONTE XI.

*De celui qui enferma sa feme en une Tor.**

D'Un bachelier oi conter,
Qui sa feme voloit garder,
Tot son savoir, & tot son sens,
Tot son estuide, & son porpens 1

* Voyez les 8, 9 & 10 Scenes de l'Acte 3.
du George Dandin de Moliere.

Ce Conte est en prose dans le Roman des sept
Sages de Rome, avec une circonstance de plus.
Suivant l'Auteur il y avoit une loi établie à
Rome, à laquelle en aucun cas on ne pouvoit
déroger, qui étoit telle, que tous ceux qui
étoient trouvés dans les rues, après le cuevre
fus (couvre-feu) soné, étoient menez en pri-
son par les guetes, (sentinelles) & le lendemain estoient fustez à val la ville. Le mari
de cette femme fut trouvé après le couvre feu
soné, & fut fustigé le lendemain.

1. Il faut sous-entendre qu'il y mist tout son
sens, son sçavoir, son étude, & qu'il y réflechit
beaucoup.

Voloit savoir l'estracion ,₁

Des femes, & l'engignoifon. ₂

Quant fot quanqu'il en pot entendre,

A donques voloit feme prendre ,

Primes enquift la renomée ₃

10 Des plus faiges de la contrée ,

A l'un ala , & fi requift

Qu'aucun bon confeil li deift

Coment peüft feme gaitier ,

Que ele ne le peüft engignier ;

Et l'autre li dift fa raifon.

Faites, dift-il , une maifon ,

Si que ₄ nus hom n'i puiffe monter

Par de fors pour laiens entrer ,

De pierre fort & de mortier ,

20 Et faites les murs halt dreffier :

Un huis i faites feulement ,

Et une feneftre enfement ,

1. La nature, l'extraction.

2. Rufes , tromperies , tours d'adreffe.

3. Il s'informa d'abord de la réputation , renomée des plus fages du pays.

4. De maniere que.

Eftroit

Eſtroite la faites aſſez,
Que vous ne ſoyez engennez ;
La feme dedens enfermez ,
Vos meiſmes la clef portez ;
Tant li faites avoir conroi, 1
Que ele n'ait ne fain ne ſoi ;
Sovent la faites viſiter,
30 Enſamble o lui vous embatez. 2
Cil s'en ala , & feme priſt ,
Le conſeil au ſaige home fiſt ;
Une bien fort maiſon leva,
Sa feme dedens enferma.
Quant il couchoit ſon huis fermoit ,
Les clefs deſos ſon chief metoit ; 3
Au matin quant il s'en aloit,
L'us à fermer pas n'oblioit :
Ainſi la quida bien gaitier ;
40 Mais ne li pot avoir meſtier. 4

1. Faites lui avoir tout ce qui eſt néceſſaire pour la vie.

2. Divertiſſez-vous avec elle.

3. Sous le chevet de ſon lit.

4. Mais tout cela ne lui ſervit de rien.

K

La Dame soloit chascun jor,
Quant issus estoit son Seignor,
A la fenestre reposer
Et les tres-passans regarder.
Uns jor i vint uns damoiseax,
Qui moult ert avenans & beax;
La Dame moult bien l'avisa,
Et son cuer moult bien i torna, 1
Signe li fist de druerie,
50   Et cil ne la refusa mie.
Tant font par signe & par semblant,
Qu'il sont aun de maintenant; 2
Se la Dame puet esploitier, 3
Ele en aura son desirier,
S'empres commence à deviser
Coment ele porra ovrer,

1. Ayant apperçu le Damoisel, son cœur en fut épris, & lui fit des signes de galanterie & d'amour.

2. Qu'ils sont à l'instant d'intelligence; qu'ils s'entendent, aun auner, *adunare*.

3. Si la Dame peut en venir à bout, elle en jouira, satisfera ses desirs.

Se ele puet à cele nuit
Aura sa joie & son delit.
Quant li Sires en maison vint
60 La Dame auques mornes se tint,
Ses Sires ne la mescrut mie, 1
Cuida qu'ele fust amaladie;
Li Preudons en fu moult dolent,
Quar il l'amoit moult durement.
Ainsi se contint tote jor;
Au soir abaissa sa dolor;
Li maus li est afebloiez,
Et ses Sires en fu moult liez,
Et moult l'efforça de mengier;
70 Mais ele en fist moult grant dangier 2
Et puis vait sa chere amandant, 3
Et son Seigneur moult rehaitant. 4
Tant s'entremist, tant s'efforça,
Que son Seignor tot enivra.

1. Son mari ne se défioit point d'elle.
2. Elle fit beaucoup de difficulté de manger.
3. Ensuite elle commença à faire meilleure
mine, être de bone humeur.
4. Egayant son mari.

Quant fu couchiez, toſt ſe dormi,
Ele ne ſe miſt en oubli.
Cele nuit ſoef ſe leva 1
Les clés à ſon Seignor embla,
Defferma l'us, ſi s'en iſſi,
80 Ilueques trouva ſon ami.
Sont à joie & à loiſir,
Font quanque lor vint à plaiſir,
Ainſi aſſemblerent ſouvent
A lor joie faire priveement.
La Dame acoſtumé l'avoit,
Quant à ſon dru 2 parler voloit,
Qu'ele ſon Seignor enyvroit,
Et puis moult ſoef le couchoit :
Et quant il eſtoit endormi,
90 Si s'en aloit à ſon ami.
Li Sire à tart ſe pourpenſa,
Et durement s'eſmerveilla,
Pourquoi elle avoit en talent
De luy enyvrer ſi ſouvent,

1. Se leva doucement, *ſuaviter.*

2. Galant. 3. Pourquoi elle avoit volonté
envie, deſir, deſſein.

A une nuit yvres se fist, 1
Soi coucha & fist l'endormi ;
Cele moult soef se leva,
Et à son ami s'en ala.
Li Preudons tantost s'est levez,
100 Si a l'us par dedens fermez,
Et quant la Dame retorna,
Vint à l'us, fermé le trova.
Ele requist à son Seignor
Qu'il ouvrist l'us pour Dieu amor : 2
Cil fist semblant qu'il s'éveilla,
Et demanda qui l'uis bouta. 3
Cele s'esmaia malement,
Et li crie merci bonement,
Et dist que si se contendroit,
110 Que jamais ne li messeroit ; 4
Proia & plora tendrement ;
Mais ce ne li valut noient.

1. Il contrefit l'yvre.
2. Pour l'amour de Dieu.
3. Qui heurtoit, qui poussoit la porte.
4. Qu'elle se conduiroit de façon, qu'elle ne feroit plus de faute.

Pour son proier & son plorer,
Ne li laissa il pas entrer,
Ainçois dist qu'il le mosterroit 1
A ses parens, & lor diroit,
Et coment ele le servoit,
Jamais de lui part n'en auroit.
Cele plus & plus li requist
120 Qu'il la laissast entrer, & dist,
S'il ne li venoit l'us ouvrir,
Qu'el puis se lairoit chaïr 2
Qui prés de la maison estoit,
Et ainsi son duel finiroit;
Sa mort li seroit demandée, 3
Ne porroit pas estre célé,
Si parent l'en apeleroient, 4
Et sa mort li demanderoient.
Pour proier, ne amonester,
130 Ne la laissa il pas entrer,

1. Qu'il en instruiroit, qu'il le feroit connoître à ses parens.

2. Qu'elle se laisseroit tomber dans le puits.

3. On le rendroit responsable de sa mort,
qu'il en seroit inquiété.

4. Le traduiroient, l'acuseroient en justice.

La feme ert plaine de boisdie , 1
Ja fera estrange voisdie ,
Une grosse pierre leva,
Dedens le puis la tresbuscha , 2
Come s'ele meismes chaist,
Et puis derriere l'us se mist.
Li Preudon quant la noise 4 oï
De la pierre qui el puis chaï,
Quida sa feme el puis chaist ,
140 N'entendi pas ce qu'ele fist.
Estreement se sailli sus ,
Prist les clés, & defferma l'us.
Vers le puis s'en vait sans targier,
Pour savoir s'il lui puet aidier.

1. Ruse, supercherie, voisdie repeté au vers suivant signifie la même chose, le Poëte manquoit de rime.

2. Précipita, laissa tomber.

3. Comme si elle étoit chuté, tombée elle-même.

4. Noise ne signifioit pas seulement querelle, dispute, mais quelque bruit que ce fût.

5. Il se leva avec effroi.

La feme pas ne s'oublia,
Entra dedens, l'us referma.
A la feneftre s'apoia,
Son Seignor par iluec gaita.
Et quant li Preudons l'entendi,
150 Coment fa feme l'ot fervi,
Proia lui que l'us deffermaft,
Bonement entrer le laiffaft,
Et il treftot li pardorroit
Quanque elle meffait li avoit;
Elle ne le laiffa pas entrer,
Ains le commence à rampofner: 1
Hai, dift ele, mal lechieres, 2
Come te ferai muer la chiere,
Demain mes parens manderai,
160 Et belement l'or moftrerai
Com faitement m'avez honie. 3
. . . . 4

1. Injurier, railler, infulter.
2. Mauvais libertin. 3. De quelle façon
vous m'avez méprifée, maltraitée.
4. Il manque un vers dans le manufcrit qui
pourroit être fupplée par celui-ci:
Et vilipendée & trahie.

Si com le dist, ainsi le fist,
Ses parens mande, si lor dist,
Que son Seignor en tel endroit
Vers sa feme se contenoit;
S'elle n'en eust meillor droit, 1
Jamais en son lit n'enterroit.
Et cil 2 l'en ont assez blasmé
170 Et de paroles chastié :
Ainsi fist ele de son tort droit
Que moult bien faire le savoit.
Cil hons se voloit pener
De la seue 3 feme garder,
Mais tot ce riens ne li valut
A la par fin, ainçois li nut, 4
Et li greva moult durement,
Quar plus vil en fut entre gent,
Et mains creüs, & mains amez
180 Et par tout fu mains hennorez.

1. Si on ne lui rendoit justice, s'il ne se comportoit mieux.
2. Les parens de la femme.
3. Sienne, *saa*.
4. Pour la rime, nuisit, *nocuit*.

L

Dont, dist li Fils, gari seroit;
Qui ainsi garir se porroit;
Mais nus n'i porroit tant entendre
Que gaire s'en peust deffendre;
Tant a en feme tricherie,
Cil est plus fox, qui plus s'i fie.

Le Fils demande ensuite à son Pere,
s'il ne sçavoit pas quelques traits de
générosité des femmes, & s'il n'en avoit
pas connu de loyales & fidèles. Le Pere
lui récite ce Conte.

CONTE XII.

*D'un home qui comanda 1 son avoir, 2
& cil à qui il le comanda li nia. ⁎*

D'Un Espagnol oï conter
Qui vers Meque voloit aler,

1. Confia, donna en garde.
2. Bien en général, ici argent.
⁎ Voyez la dixiéme Nouvelle de la huitié-
me journée de Bocace.

Par Egipte l'estut 1 aler
Et parmi les defers paffer.
Quant en Egipte eft parvenus,
Il a tres bien aperceüs,
Que ce ne feroit mie favoir 2
Par les defers porter avoir.
Ains qu'es defers poïft paffer, 3
10 De fon avoir volt comander
En Egipte une partie ;
Du tout porter feroit folie.
D'un loyal home a demandé ; 4
Et la gent fi li ont monftré
Uns hom qui ert de grant aage,
Et qui eftoit leal & fage.
L'Efpagnol de luy s'acointa,
Deux mille befans 5 luy bailla.

1. Lui convint.
2. Prudence, fageffe.
3. Avant qu'il pût paffer ces déferts.
4. S'eft informé d'un honète, d'un fidèle
home.
5. Valant mille livres, qui étoit alors une
fomme confidérable.

En son voyage s'en ala ;
20 Si tost com il pot repaira r
Sa comandise demanda
A celui qui il le bailla.
Cil rendre nel volt, ains li die
Que il onques mais ne le vit.
L'autre a sa pleinte mostrée 2
As Preudomes de la contrée,
Ne trouva nul qui le creist
De chose nule que il deist,
Tant estoit li autres loez,
30 Et de si grant bonté provez,
Nel porent croire en nule fin
Que vossist faire larrecin.
Li Espagnox jure sovent
Et requeroit moult bonement
A la justise, qu'ele feist
Que cil son avoir li rendist.
Tant ala & tant eschauffa,
Que li autres le menaça,

1. Il revint le plutôt qu'il pût, & demanda
son dépôt.

2. Il a porté sa plainte devant les Juges.

Et dist que mar i venist mais, 1
40 Bien li laissast avoir sa pais,
Et s'il ne se voloit retraire,
Il li feroit grant anui faire.
Li Espagnox quant ce oï,
Mas & marri 2 se departi,
Une bone feme encontra
Qui de par Dieu le salua ;
Un baston en sa main tenoit,
Foible estoit, si s'en soustenoit.
Quant ele vit celui dolent,
50 Demanda lui priveement,
Dont il ert, 3 & que il avoit,
Que si mate chiere faisoit. 4
Et cil li a tout coneu
Coment il li est avenu.
Ele le comence à conforter,
Et dist, amis, laissiez ester, 5

1. Et dit, que mal-à-propos il s'adresseroit
davantage à lui, qu'il le laissast en paix.
   2. S'en-alla triste & abbatu. 3. D'où il étoit
   4. Et pourquoi il avoit une mine si abba-
tue, si triste. 5. Cessez d'être triste.

Ne soyez mie si dolent,
Quar s'il plaist Diex omnipotent, 1
Aucun bon conseil te dirai,
60 Pourquoi ton avoir te rendrai.
Dame, dist-il, & vos coment ?
Cele li dist moult bonement :
Va t'en, dist-ele, en ton païs,
Si amene de tes amis
Trois ou quatre hastivement
Qui semblent estre bone gent ;
Dix coffres faites apporter,
Qui soient bien bendé de fer,
De gravele 2 les faites emplir,
70 Et pense tost de revenir.
Et cil de riens ne se taria, 3
Tost fist quanqu'ele comanda,
Et quant il ot tot apresté,
Si come ele avoit devisé. 4

1. S'il plaît à Dieu tout-puissant.
2. Sable de mer & de riviere.
3. Il faut lire tarja, ne tarda pas à faire tout
ce qu'elle lui avoit commandé.
4. Prescrit, ordoné.

Dix homes a fait aprester
Qui les coffres puissent porter ;
Vers la maison s'en vait tot droit
Ou li avoirs dedens estoit,
La bone feme li mostra
80 Com faitement se contendra,
Les coffres fist donques porter,
L'un après l'autre & arouter,
Puis l'apela, si le garni
Que belement se contenist.
Va t'en, dist-ele, pas pour pas,
Et quant un coffre entrer ver-
ras,
Tantost après lui entreras,
Et tes besans demanderas.
Quant ele l'ot bien devisé,
90 Adonc s'en sont avant alé.
A la maison sont arresté,
Ou li avoirs fu comandé ;
La bone feme i est entrée,
Sa compaignie i a menée :
Li viels hom moult bel l'apela,
Cele sa raison li conta :

Ci a, dist-ele, bone gent
Et i a moult or & argent;
D'Espaigne sont la bone terre,
100 Si vuelent sains aler requerre, 1
Lor avoir vuelent ci laissier,
En dusques à lor repairier ; 2
Moult tres bien sai que tricherie
N'ot onques en vos compaignie;
Ains avez esté moult loez, 3
De droiture & de lealtez.
Pour ce les ai ci amenez,
Dix coffres plains ont aportez
Qui sont tuit plein d'or & d'argent ;
110 Or vous requier moult bonement
Que vous les gardez sauvement
. 4

1. Ils veulent aller en pélérinage invoque
des Saints.
2. Jusqu'à leur retour.
3. Vous avez eu la réputation d'avoir beaucoup de justice & d'équité.
4. Il manque un vers que l'on peut remplacer par celui-ci.
Jusques à lor retornement

Si

Si ferois vos, ce faige bien,
De vous ne dourge nule rien,
Tant vous conois en loiauté,
Ja n'iert de vous apeticié.
Quant li premiers coffres entra,
Lors vint cil qui l'avoir bailla.
Quant le vit venir li vieillars,
120 Qui plains eftoit de male ars,
Penfaft que cil riens demandaft,
Et de ravoir le fien plaidaft,
Ala vers lui, bel l'apela,
Et bonement li demanda :
Où avez vos tant demoré,
Que pieça n'eftes retorné ?
Ge quidoie que mors feuffiez
Quant encois n'eftes repairiez ɪ
Tantoft fon avoir li rendi,
130 Et cil s'en eft joiant parti.
Quant la bone fame ce vit,
Li Borjois apela, & dit :
Penfez de ces coffres garder ;
Nos irons les autres hafter,

ɪ. Lorfque vous ne reveniez pluftoft.

> Encontre les autres irons. 1
> Attendez tant que nos venrons ; 2
> Mais que il encot atendist , 3
> La bone feme ne venist.
> Cil d'Espaigne s'en sont torné ,
> 140 A grant joie s'en sont alé.
> La feme ot moult bien trové
> Parquoi l'avoir fu recouvré.
> Et dist li Fils , par saint Germain ,
> Moult engigna bien le vilain ,
> Li conseils fu moult bien trové ,
> S'un Filosofe l'eust doné. 4

Les deux derniers vers du Conte pré-
cédent excitent la curiosité du Fils , &
lui font naître l'envie d'apprendre quelques traits des Philosophes , il dit :

1. Nous irons au devant.

2. Jusqu'à ce que nous revenions.

3. Mais quoiqu'il attendît encore , la vieille
ne revint point.

4. Ce conseil fut aussi bien doné , comme
s'il l'avoit été par un Philosophe.

M

Beax Pere ne me celez mie,
Des Filosofes me contez,
Se vous riens d'ax oï avez. [1]
Respont li Peres : si ferai.
Or i enten, gel te dirai. [2]

CONTE XIII.

Le jugement de l'huille qui fut prise
en garde.

UN Preudome jadis estoit,
Icil Preudom un fil avoit,
N'ot gaires de possession, [3]
Mais que [4] une bone maison :
La maison à son fil laissa,
Quant il du siecles trespassa.
Li Fils vesqui moult bonement
En loyauté, & nequedent

1. Si vous ayez entendu quelque chose d'eux.
2. Que je parle ferai.
3. Possession s'entend des biens fonds.
4. Mais que, excepté.

Ainsi que riens ne volt despendre

10   Ne volt onques sa maison vendre.

Un siens voisins moult le requist

Que il sa maison li vendist ;

Mais li meschins [1] vendre ne volt,

Pour quanque l'autre faire sot. [2]

Ses voisins donques se porpensa

Com faitement l'engignera. [3]

Belement vint au bachelier,

S'el commença bel à parler.

Beax Fils, fist-il, quar creantez, [4]

20   Que moult bien faire le poez,

Que je puisse en vostre pourpris

Enfoïr toneax jusqu'à dis, [5]

Pour huile qu'estoier vorroie,

Tant que bien vendre la porroie ;

1. Jeune home.

2. Quelque chose que l'autre pût faire.

3. Comme il le surprendra adroitement.

4. Promettez, car vous le pouvez bien faire.

5. Que je puisse serrer dix toneaux d'huile, que je voudrois garder jusqu'à ce que je puisse la vendre.

Si vous ert bien guerredoné, 1
Tant que vous m'en farez bon gré.
Li valles li creanta bien, 2
Qui ne fot de fes engins rien.
Li riches hom dix toneax prift ;
30 En la cors au vallet les mift.
Li cinq eftoient demi plein,
Li autre cinq erent tuit plain :
Anfoï les en la maifon. 3
Au vallet par fouduifon. 4
De la maifon le hus ferma,
Les clés au jouvencel bailla,
Et pria lui qu'il fuft loiax
Endroit de garder fes toneax.
Enpres grant tens avint ainfi
40 Que li huilles moult encheri.

1. Vous en ferez fi bien recompenfé, que vous m'en fçaurez gré.

2. Le jeune home qui ne conoiffoit pas fes rufes, & fa mechanceté, le lui promit.

3. Il les ferra, cacha en la maifon, anfoïr enfouir, *infodere.*

4. Seduction, furprife, tromperie.

Quant li riches hom ice vit,
Au jouvencel vient, si li dit :
Ge ne vueil mais des ore atendre,
Or pui ge bien mon huile ven-
        dre :
Venez à l'us, s'el deffermez,
Et à l'oster nous aiderez,
Et se ge n'i ai rien perdu,
Sachiez que bien vous ert rendu.
Li Bacheliers bien li aida

50 Tant, que ses toneax fors saicha.
Li riche homs ne s'oublia,
Plusors marcheans amena,
Si com por huile achater ;
Mais ce fu pour celui grever.
Il a fait garder 4 as toneax,
Qu'avoit gardez li jovenceax.
Les cinq toneak treuvé toz plains,
Et les autres la moitié moins.

1. Je ne veux plus attendre davantage.
2. Venez à la porte, & l'ouvrez.
3. Qu'il tira dehors les toneaux.
4. Regarder, examiner.

Quant li riches hom l'a veu, 1
60 Par semblant fut tot confondu; 2
Vers le jouvencel se torna,
De male garde le resta : 3
Diva, dist-il, tu m'as honi,
Par felonie m'as trahi,
Malement as l'huile gardée,
La quarte part en as emblée. 4
A la justise s'en ala,
Et son affaire li mostra. 5
Li bachelers ne sot que faire,
70 Ne sot gaires bien à chief traire ; 6
Mais ce que pot faire, si fist. 7
Dusc'a lendemain le terme mist ;

1. A vû cela.
2. Il fit mine d'être surpris.
3. Il l'accusa d'avoir été infidèle dans sa garde.
4. Tu m'en as volé le quart.
5. Et lui expliqua son affaire.
6. Il ne sçavoit coment en venir à bout pour se défendre.
7. Mais tout ce qu'il pût faire, ce fut de demander terme & delai au lendemain.

Et entretant se porpensa 1.
Com faitement en ouvrera.
En la cité, où cil manoit,
Un bon Filosofes avoit,
Aide a besoignox ou non, 2.
Moult par ot bone entention
Envers Diex, & envers sa gent
80 Se contint il moult lealment.
Li Bacheliers se pourpensa,
Qu'à cel saige home s'en ira,
Et conseil li demandera
Coment il se delivrera.
Come le devisa, si le sist. 3
Et li Filosophes li dist :
Amis, se ce est verité
Que tu m'as ici aconté

1. Et pendant ce temps-là il réflechit, il rumina la maniere dont il agiroit.
2. Avoit nom Confort des infortunez, de ceux qui étoient dans le besoin.
3. Il fit ainsi qu'il l'avoit projeté.

Ge

Ge t'en quit bien defencombrer 1
90 Et de ceft engig delivrer.
Et cil li a affés juré,
Qui fens corpes eft arrefté. 2
Li Filofofes bien le croit
Que gaires vezieus n'eftoit; 3
Ne tel home ne fembloit mie
Qui feift tele tricherie.
Du Bachelier ot grant pitié,
Et dit par bone leauté : 4
Beax amis, ne t'efmaie mie;
100 Quar par la Dame Diex aïe, 5
Ge te delivrerai fi bien,
Que tu n'i perdras nule rien :

1. Je m'imagine bien que je te debarraffe-
rai, te tirerai d'affaire.

2. Celui qui fans avoir commis de faute, de
coulpe, lui a juré & affirmé qu'il lui difoit la
vérité.

3. Qu'il n'étoit pas affez rufé, & ne par-
roiffoit pas home capable d'une pareille tricherie.

4. Et dit bien fincerement.

5. Car par l'aide de Dieu, *Domine Dei*

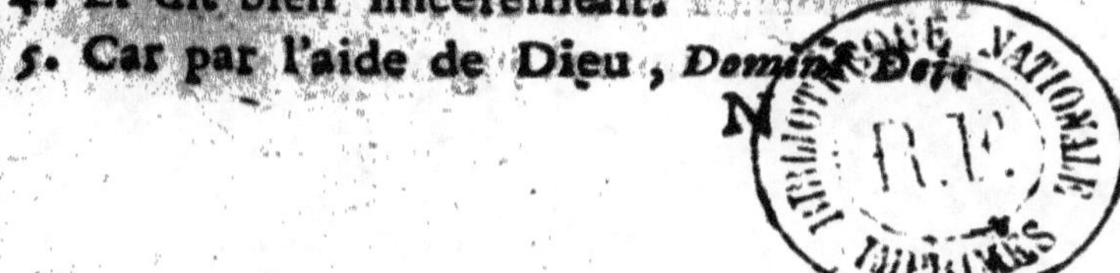

Tu as termes tres qu'à demain ;
Se Diex plaist que ge soie sain,
A eure de plet i venrai,
Et tres bien te delivrerai.
Ce qu'il li pramist, bien li tint.
Au matin à icel plait vint ,
La jostise moult l'ennora ,
110 Et de joste soi l'apela ;
Fist demander l'apeleor ,
Et apres le deffendeor ,
Commanda lors que il parlassent ,
Et lor paroles recordassent.
Quant la parole ont recordée ,
Et de chief en chief recontée ,
La jostise quist bonement 1
Du Filosofe jugement.
Li Filosofe se leva ,
120 Et si fait jugement dona. 2
Faites, dist-il , primes oster
Des cinq pleins toneax l'uille cler ;

1. Demanda l'avis du Philosophe.
2. Et dona un tel jugement.

La lie faites mesurer
Des cinq toneax sans demorer ;
S'en ceus demi plain a tant de lie [1]
Come à tos plains, c'est tricherie,
Et donc sachiez en verité
Que l'uiles a esté emblé ;
Se au demi plain plus n'en a
130 Qu'à cele huile clere afferra,
Qu'en meismes les toneax estoit,
Dont a li jovenceax tot droit. [2]
La jostise ce conferma [3]
Que [4] li Filosofes juga ;
Ainsi fu fait sans contredit
Quant Filosofes li ot dit.
Partant fu seü la boisdie
Du riche home, & la felonie ;
Li Bacheliers riens n'i perdi,
140 Liez & joians s'en departi ;

1. S'il y a autant de lie dans ceux qui sont
à moitié pleins comme dans les pleins.
2. Le jeune home à raison.
3. Confirma.
4. Ce que.

N ij

Au riche home rendi mercis 1
Quant li plait furent departis.
N'as tu oï dire en respit,
Le Filosofe ice li dist :
Et cil qui a mauvais voisin, 2
Il a souvent mauvais matin ;
Maison achater ne detisses, 3
Ains que le voisin coneüsses.
Et cil, dist-il, i a esté
150 Ains que ge feusses engendré.
Li saige home li dist raison : 4
Mielz li vient vendre sa maison,
Que maindre lez itel voisin
Qui l'engigneroit en la fin.

1. Il remercia le Filosophe lorsque les juges furent partis, il faut lire sage au lieu de riche.

2. Or, dit aujourd'hui qui a bon voisin, a bon matin.

3. Mais tu n'aurois pas dû acheter ta maison avant d'avoir çonu le voisin.

4. Lui dit cette raison, qu'il lui est plus avantageux de vendre sa maison, que de demeurer à côté d'un tel voisin qui le tromperoit, le surprendroit à la fin.

Et dit li Fils: ce jugement
Du Filofophe eft droitement;
Cil Filofofes ot droit non,
Doné li fu par grant raifon. 1
Beax Pere, or contez avant, 2
160 Ci apren ge favoir moult grant.
Ge volentiers, ce dit le Pere;
Ci comence en cefte maniere.

CONTE XIV.

D'un home qui portoit grant avoir. *

UNs hons qui grant avoir portoit
Par une cité trefpaffoit, 3

1. Ce fut avec grande raifon que l'on dona
à ce Philofophe le nom de protecteur des affligés.

2. Continuez à raconter.

* Avoir, biens, richeffes de quelque nature qu'ils foient.

Ce Conte ou jugement a été attribué au
Duc d'Offone Viceroi de Naples.

3. Traverfoit.

En un sac portoit mil besans :
Moult estoit riches marcheans,
Et un serpent d'or si portoit ,
Qui les els de jagonce avoit. 1
Li marcheans son sac perdi ;
Quant il le sot, moult fu marri.
Un povre home par là passa
10 Qui le sac à l'avoir trouva :
Cil à sa feme le bailla ,
Et ele Diex en mercia.
A tant vint li bedeax corant ,
Et si fait avoir demandant , 2
Et dist que cil qui le rendroit,
Cent besans quitement auroit.
Quant li trouveres ce entent ,
A sa feme dist simplement :
Rendon cest avoir à bon
20 S'en aurons , 3 & seron loé ;

1. On ne trouve ce mot, jagonce, dans aucun Dictionaire. C'est une espece de grenat.
Voyez le Glossaire.
2. Qui demande le bien perdu , & spécifie
de quelle nature il est. 3. Nous en aurons cent

De ces meifmes cent befans,
S'en ferons riches & manans. 1
'Et dift fa feme, non feron,
Ceft avoir pas ne li rendron,
Quar icil pas ne le perdift.
Se Diex confentir le vofift, 2
Puifque Dieu le nous a doné,
Gardon le, fi l'en fachon gré.
Li Preudom rendre le voloit,
30 La feme le contredifoit ;
Mais qui chaut 3 que ele deift
Ne laiffa pas ne li rendift,
Puis demande le convenant,
Que li bedeax ala criant. 4

befans, & nous ferons confidérés & approuvés.

1. Et nous en ferons riches &c. Voyez le Gloffaire à ce mot, manans.

2. Puifque Dieu a permis qu'il l'ait perdu, & que nous l'aions trouvé, gardons-le.

3. Mais qu'importe, mais quelque chofe que la femme dît, il n'abandona pas le projet qu'il avoit fait de le rendre.

4. Il demanda la recompenfe promife & criée par le bedeau, le crieur.

     Li Borgois fu plain de voisdie,
     Dit li qu'il ne li rendroit mie,
     Quant deux serpens d'or i avoit,
     Et son avoir tot ne rendoit.
     Li povres hom assés jura,
40   Que tant en ot, plus n'i trova.
     Li riche home de la cité,
     Tot ont encontre li parlé,
     Se tienent vers le marcheant, 1
     Pour ce qu'il ert riche & manant.
     Devant le Juge s'en alerent,
     Et le povre home i amenerent,
     Li povres homes dit bonement,
     Tot le rendrai au marcheant.
     Tant aloient entrax plaidant,
50   Et à cel povre home estrivant,
     Que la parole vint au Roi,
     Si le fait venir devant soi ;
     Et quant il sont tuit assemblé,
     Li Filosofes est mandé,
     Dont nos avons fait mention,
     AIDE A BESOIGNEUS avoit non.

     1. Prenent le parti du marchand.

Li

Li Rois bonement li requiſt
Que il la parole entendiſt,
Et puis en feiſt jugement
60 Selonc le ſien entendement.
Le Filoſofe li granta :
Le povre home à ſoi apella,
Comanda li en privauté, 1
Que il coneuſt la verité.
Cil jure Dieu & ſa vertu,
Que il n'en a riens retenu :
Li Filoſofes bien le croit,
Et puis vers le Roi ſe tournoit,
Et dit que cil bien li plaiſoit,
70 Loial jugement en feroit.
Li Rois bonement li requiſt,
Cil comanda donques & diſt :
Ciſt riches hom a bon ſemblant 2
Bien reſamble home voir diſant, 3

1. Il lui ordona en particulier d'avouer la verité.

2. A bone mine, bone phiſionomie.

3. Il reſſemble bien à un home qui dit la verité.

Ne demanderoit, Sire Roi,
Que il n'eust perdu, ce croi. [1]
De l'autre part, ce m'est avis,
Loiax hom est icil chaitis ;
Car s'il fust hom mal faisant,
80 Il ne rendit ne tant ne quant,
Ençois l'eust tot retenu,
Un seul besant n'eust rendu,
Assez semble bien verité
Ce que l'un & l'autre a conté.
Sire Rois, cest avoirs prenez,
Et à cest povres home rendez
Les cent besans qu'il li pramist,
Pourquoi l'avoir rendre vosist : [2]
L'avoir gardez, quar ce est drois ; [3]
90 Tant qu'à un veigne qui soit. [4]
Cil riches hom i a mespris,
Quar il demande, ce m'est vis,

1. S'il n'avoit pas perdu.
2. Afin qu'il rendît le bien trouvé, les effets trouvés. 3. Cela est juste.
4. Jusqu'à ce qu'il viene une persone à qui il appartiendra, ce riche home s'est trompé.

Uu sachet où a deux serpens;
Nous n'en trouvons c'un ci dedens.
Li riches hom voist au bedel,
Face demander son sachel,
O mil besans, o deus serpens,
Ce m'est vis, c'est droiz jugemens.
Li Rois & toz comunalment
160 Loent assez col jugement.
Li riches hom quant l'entendi, 1
Dame Diex jure & sa vertu,
Que cil sachelez siens estoit
Que cist hom trové avoit,
Mais il disoit que plus i ot,
Por ce que riens doner ne volt.
Li Rois itel conseil en fist
Come le Filosofes li dist.
Et dist li Fils itel aïe
170 Doit venir de Filosofie.
Or estes vous bien aroutez, 2
Cil conte me viennent en grez. 3

1. Il faudroit, l'entendu.
2. Vous êtes bien en train.
3. Ces Contes me plaisent.

Et dit li Peres or entent,
Et ge te dirai bonement.

Après ce Conte le Pere conseille à
son Fils d'aller toujours le grand chemin, & pour le persuader, il lui raconte
qu'une troupe de marchands, étant en
voyage, arriva près d'une riviere, où il
y avoit un gué, & plus loin un pont : ces
deux voies conduisoient à une ville où
ils alloient. Ils trouverent un paysan des
environs, à qui ils demanderent, laquelle de ces deux voies étoit la plus
courte. Cet home leur dit que celle du
gué étoit beaucoup plus courte que celle
du pont ; mais il ne leur laissa pas ignorer
qu'elle étoit très dangereuse. Plusieurs de
la compagnie aimerent mieux la plus
courte ; d'autres prefererent le chemin
plus long come étant le plus sûr. De
ceux qui passerent le gué, plusieurs furent noïés, d'autres furent en très-grand
péril, & perdirent leurs marchandises ;

ceux qui avoient paffé le pont s'applau-
dirent, & loüerent Dieu d'avoir préferé
la plus longue voie.

> Et li Fils dift iceft refpit, 1
> Eft autre-tel 2 come l'en dit ;
> La longue voie valt moult plus,
> Qui maine trefqu'au Ciel la fus,
> Que la corte, qui maine aval
> Dufqu'au puis puant infernal.

Après cet exemple le Pere recommande à fon Fils, que lorfqu'il fera af-
focié avec quelqu'un, il ne doit jamais
chercher à le tromper, parce qu'il arrive prefque toujours que les trompeurs
font trompés. Ce qu'il lui prouve par
l'exemple qui fait le fujet du Conte
fuivant.

1. Proverbe.
2. Tel, femblable.

CONTE XV.

De deux Borgois & d'un Vilain. *.

ENCORE chaftioit le Pere
Son fill en tele maniere.
Beax Fils, fe tu prens compagnie
A nului, ne l'engigne mie,
Que tu ne foies engignez,
Et par ton pechié encombrez,
Si com as Borgois avint ja,
Que li Vilains bien engigna ;
Et dift li Fils: Pere, coment?
10 Apanre i puis enfaignement,
Et cil qui apres moi venront,
Ça devant 1 grant preu i auront.
Et cil li comence à conter
Qui volantiers s'en volt painer.
Un Vilain, oï dire ja,
A deux Borgois s'acompaigna.

* Voyez les Contes d'Ouville.
1. Ça devant, ci en avant, dans la fuite.

Si aloient en oroifons, 1
En defpenfes font compaignons. 2
Lor defpenfe lor vait faillant,
20 Quant au faint vinrent aprochant.
De farine orent un tantet, 3
Dont porent faire un penet 4
Li Borjois traiterent d'une part, 5
Com cil qui ere de mal art, 6
Et porvirent la trahifon 7
A engigner lor compaignon,
Et diftrent la fouduifon.
Cift païfans eft moult glouton,
Si nos convenroit porpenfer
30 Coment le puiffon engignier.
Un confeil prenent, mais en vain,
Feront de la ferine un pein,

1. Aloient en pelerinage pour prier un Saint.
2. Ils firent depenfe commune. 3. Un peu.
4. Qui fuffifoit feulement pour faire un petit
pain, un gâteau.
5. 6. 7. Les deux Bourgeois, comme gens
pleins de rufe, & de fauffeté, préméditerent
à part, en leur particulier le tour qu'ils vou-
loient jouer au Vilain.

Puis à quirre le metteront;
Et à dormir se coucheront;
Et cil tos sels [1] le mengera
Qui plus merveilles songera. [2]
Si le font com l'ont devisé,
Et si s'en sont dormir alé.
Li païsan tant atendi
40 Que il furent tuit [3] endormi,
Puis leva sus, si s'en foï,
Au feu ala, trestot guerpi, [4]
Le pain traist, fors [?] & le menga;
Et puis au dormit se coucha.
Atant un des Borjois leva,
Et son compaignon esveilla :
Merveilles dist-il, ai songié,
Dont ge sui au cuer forment lié,
Saint Gabriel & saint Michiel,
50 Ouvrirent la porte du Ciel

1. Seul.
2. Qui rêvera la plus grande merveille. Qui
fera le plus beau songe.
3. Tous deux.
4. Il débarrassa tout & tira hors le pain.

Et

Et me porterent tot volant
Devant la face Dieu le grand.
Grans joie, dist-il, as eu ;
Mais à moi est el [1] avenu
Deux Angles, vis m'est, me porte-
    rent [2]
Dusques en enfer me menerent.
Li vilains tot ice ooit,
Et semblant de dormir faisoit,
Et li Borgois dont l'esveillierent,
60 Qui engignier bien le quiderent ;
Et il fist dangier d'esveillier, [3]
Et d'estre effreez de songer :
Et cil lor a donc demandé,
Qu'est ce donc, qui m'a effréé ?
Nos somes, dient ils, levez [4]
Vos compaignons, bien le savez ;

1. El, au contraire.
2. Il me fut avis, il me sembla.
3. Il fit difficulté de s'éveiller, il affecta de
n'être pas éveillé.
4. Nous somes vos compagnons, disent-ils,
levez-vous.

P

Mi compaignon, dist-il, par Dé !
Desquant estes vos retorné ? ¹
Repairié, ² dient-il, muisart ?
70 Ja ³ n'alames nos nule part.
Ge quit bien, dist le paisant ;
Mais je songai merveille grant :
Saint Gabriel, & saint Michiel
Ouvrirent les portes du Ciel,
Et l'un de vos si emporterent,
Devant Dame Dieu le menerent,
Et l'autre emporterent Deable
En l'enfernal feu pardurable : ⁴
Ge vos quidoie avoir perdus,
80 Que jamais ne fussiez veus,
Levai sus, & le pain mengai,
Si que riens nule n'i laissai.
Et dist li Fils, par Dieu le grant,
Moult le fist bien le paisant.
Bien doit avoir mal qui desert, ⁵
Et qui tot covoite, tout pert.

1. Depuis quand êtes-vous de retour ?
2. De retour ?   3. Jamais.   4. Eternel.
5. Qui le merite.

Le Pere perſuade à ſon Fils de ne
point imiter le chien, qui non ſeulement mange ſa part, mais encore celle
des autres; il lui conſeille d'imiter les
chameaux, qui lorſqu'on leur doñe à
manger, attendent qu'ils ſoient tous
aſſemblés. Il prend de là occaſion de lui
reciter l'aventure d'un tailleur & de ſon
garçon.

CONTE XVI.

Du Tailleor le Roy & de ſon Sergant.

UN Roy, diſt-il, jadis eſtoit
Qui un bon tailleor avoit,
Cil maiſtres, diſt-il, vallez ot
Qui couſoient ce que il tailloit:
Entre çax ot un bacheler, 1
Nidui l'oï ge nomer,

1. Bacheler eſt ici le maître garçon tailleur.

Delivres fust de son mestier , 1
Assez savoit coudre & taillier.
Une riche feste approcha ,
10 Li Rois son tailleor manda :
Moult riches dras 2 se fist tailler
Pour cele grant feste honorer.
Cil a ses vallez assemblé ,
Si a l'ouvrage moult hasté.
Li Rois i mist pour ax haster
Un Chamerlan pour ax garder ,
Qu'il lor puist assez trover ,
Et qu'il ne puissent riens anbler.
Un jor mangerent pain & miel ,
20 Et si orent assez el 3 ,
Mais Nidui n'i estoit mie ,
A cele hore en sa compaignie.
Li Chamberlans quant ice vit ,
Li maistres apele , si li dist :
Atendre devez par raison
Nidui le vostre compagnon.

1. Il étoit habile dans son mestier.
2. Draps, habits.
3. Et eurent encore autres choses.

Li Maistres dit si faitement, 1
Nos l'attendissions bonement,
Mais il ne menge pas miel ;
30 Et si puet avoir assez el. 2
Et quant il orent tuit mengié,
Nidui si est reperié,
Vers les autres se corroça,
Par mal talent lor demanda ;
Pourquoi mangastes vous sans moi,
Atendre me devez ce croi ?
Et dist li Chamberlans, amis,
Et ge autre-tel si lor dis ;
Mais vostre maistres le me dist,
40 Et ge ne sai porquoi il le fist,
Que vos ne mengiez pas miel,
Que vous auriez assez el,
Nidui semblant n'en faisoit ;
Mais pensa com lor rendroit.
Un jor vint moult priveement 3
Au Chamberlan, & cointement :

1. Si adroitement, finement.
2. Il peut avoir autre chose.
3. En secret.

Sire, poç Diex, dist-il, vos pri,
D'une chose soyez garni, [1]
Nostre maistre par lunoisons
50 A en la teste estordisons,
Le sens pert, devient desvez,
Se il n'est erramment liez,
Celui qui encontrer porra
Jamais de pein ne mangera.
Et dist le Chamberlans, pour voir,
Se povie l'eure savoir,
Gel [2] feroie tres bien lijer,
Qu'il ne nos porroit damenger. [3]
Niduis dist, gel vos dirai,
60 Si comé autre fois veü l'ai :
Quant il gardera [3] çà & là,
La terre entor lui batra,
Et de son siege levera
Son eschamel degerra. [4]

1. Prenez garde à une chose. 2. Ie le.
3. Il faut lire domager, il ne nous pourroit
faire domage. Pourquoi n'avons nous plus ce
verbe, & que nous avons le substantif domage. 4. Jettera son escabelle, son siege.

Dont sachiez bien veraiement,
Que sa desverie le prant,
Ne ja ne sera revenus,[1]
Devant qu'ert liez & batus.
Et l'autre dit, ge gaiterai
70 L'eure, au mielz que ge saurai :
Et quant ge tel signe verrai,
Lier & batre le ferai ;
Ja, se Diex plaist par sa folie,
Ne perdra nus de nos la vie.
Nidui pas ne s'oublia,
Les forces son maistres muça.[2]
Un jor vole li maistres taillier,
Quant ne pot ses forces baillier, [3]
Et garda çà & garda là,
80 Et de son siege se leva,

1. Il ne reviendra point de sa folie, elle ne le quittera point qu'il n'ait été lié & batu.

2. Il cacha les ciseaux dont son maistre tailloit les habits.

3. Il y a une faute dans le manuscrit, il faut lire trouver.

L'eschamel ala degetant,
Et ses forces par tot querant,
La terre entor lui debati,
Et se contint com estordi.
Li Chamberlans quant ice vit, 1
Ne li torna pas à nul deduit 2
Les sergens moult tost appella . 3
Lor maistre lijer comanda ;
Et cil son commandement firent,
90 Bien le lierent & batirent,
Si que sor lui moult se lasserent,
Et empres ce le dessevrerent. 4
Li maistres quant fu desloiez,
Au Chamberlan a demandez,
Pourquoi il l'avoit fait loier,
Et si malement ledengier. 5
Niduins, dist-il, le me dist,
Et bien entendre le me fist,

1. Vit cela.
2. Cela ne le recrea point.
3. Appella les garçons tailleurs.
4. Et après cela le delierent, le laifferent.
5. Et maltraiter si fort.

Que

Que aviez par lunoisons
100 En la reste estordisons;
Et qui bien ne vos lieroit,
Aucun de nos le comparroit.
Li maistres apela Nidus;
Des quant, dist-il, le seüs tu
Que je soloie estre desvez ?
Et Nidus li a demandé :
Et vos, me dites onques el 1
Des quant ne mengeoie de miel?
Li Chamberlan, & li sergant,
110 Tuit en rient petit & graht.
Et dit li Fils, ce fut à droit; 2
Car qui son compaignon deçoit,
Bien li doit venir enconbriers, 3
Qui mal porchace, & mal porquiert.

Le Pere cherche à persuader à son

1. Aussi, le contraire de ce que vous me
demandez.

2. Cela fut juste.

3. Il doit arriver malheur, embarras, à celui
qui cherche à en procurer aux autres.

Q

Fils, qu'il ne faut jamais railler persone, parce que les gabeurs sont toujours
gabés, il lui en cite pour preuve, ce
trait.

CONTE XVII.

De deux Lecheors. ᵗ

DUᵗ Lecheors s'entre-encontre-
    rent,
A la cort à un ₂ Roy mengerent :
Ensamble sont au mangier mis,
Et mangerent par grans estris. ₃
Les ossemens li uns d'ax prist,
Devant lui les amoncela,
Devant son compagnon les mist,
Et devers le Roy se torna.
Sire, dist-il, mon compaignon,
10 Est de mengier si mal glouton,

---

1. Parasites, gourmands. 2. D'un Roi.
3. A grande force, à qui mieux mieux.

Tos ſes os a il deſpoilliez. 1
Que vos veez ci arengiez.
Et li autres li reſpondi,
Son gabois moult bien li rendi. 2
Sire, fait-il, g'ai fait à droit,
G'ai fait ce que on faire doit,
La char mangai, les os laiſſai,
De riens, ce quit, 3 meſpris n'i ai 1
Mais ciſt lechierres a fait bien,
20 Qui a fait auſſin com le chien ;
La char & les os enſement
A tot mengié comunalment.
Li lechieres fu desjonglez, 4
Et par la ſale fu huez.
Et diſt li Fils, ce fu raiſon,
Selonc la moie ention. 5

Après ce bref Conte, le Pere exhorte

1. Tous ces os.
2. Il repouſſa bien ſa raillerie.
3. Je penſe n'avoir pas mal fait.
4. On fit ceſſer ſa raillerie.
5. Suivant mon ſentiment.

son Fils à n'être ni avare ni prodigue.
Il lui fait sentir qu'il faut en tout garder
un juste milieu.

> Beax Fils, ja gaires n'ert loez
> Li hom qui aime averetez ; [1]
> Ne gasteres [2] ne soies mie,
> Ce apartient à felonie,
> Li avers ne set riens doner,
> Li gasteres ne set riens garder,

Il lui recommande d'être humble dans
la prospérité, & résigné à Dieu dans
l'adversité.

> Ne tence à Dieu pour pouerte [3]
> Ne pour temporele perte,
> Se tu es riches & manans, [4]
> Ne soies orgueilleux par itant,

1. Avarice, pour la rime.
2. Dissipateur, *vastator.*
3. Pauvreté.
4. Voyez le Glossaire au mot Manans.

Soies cointes 1 en profperité,
Et feür en adverfité.

Il lui repréfente l'ambition come un crime affreux ; & pour le toucher, il propofe l'exemple du Vilain & de l'oi-felet Conte moral, que je ne donerai point ici, parce qu'il n'eft que par ex-trait dans ce manufcrit, & qu'on le peut voir tout entier dans le premier Volume des Fabliaux imprimés chez Vincent, page 179. fous ce titre : *Li lais de l'oi-felet.*

Après le récit de ce Lai, le Pere fait fentir au Fils, qu'il eft dangereux d'aban-doner ce que l'on a de réel, pour cou-rir après des chimeres, & pour le con-vaincre de cette verité, il recite la Fa-ble fuivante, de laquelle la Fontaine a fait ufage pour compofer celle du Loup & du Renard qui eft la fixiéme du on-ziéme Livre.

1. Doux, prévenant.

CONTE XVIII.

Du Vilain qui dona ses bués 1 au Lou. 2

JADIS, dist li Peres, avint,
C'uns 3 Vilains sa charrue tint ;
Li buef ne voldrent droit aler
Quant li Vileins les volt mener.
Li Vilains fu moult corrociez.
Quar vos eust li lox mengiez, 4
Dit li Vilains de maintenant,
Tant me faites ore torment.
 Li lox fu près, si l'entendi,
10 Ce qu'il dist ne mist en oubli.
 Quant li Vilains desjoint 5 ses bués
Li leus pensa qu'à son oés 6

1. Bœufs.
2. C'est le titre qu'elle a dans le manuscrit.
3. Qu'un.
4. Que le Loup ne vous ait'il mangés.
5. Detele ses bœufs, les ote de la charrue.
6. Parce que le Vilain avoit proferé ces

Les vielt avoir fans contredit
Par tant com li Vilains ot dit.
Au Vilain tot droit s'en ala,
Les bués qu'il menoit demanda.
Li Vileins ne li volt baillier,
Ne li lox ne li volt laisser.
Tant parolent, mais nequedent, [2]
20 Qu'il s'offrirent au jugement.
A tant vint un goupis errant,
Vers ax se traist de maintenant;
Demanda [2] lor dont il parloient,
Et de quel chose il estrivoient.
Li Vilains lor a coneü
Coment il li est avenu.
Ce dist li gorpis, por noient, [3]
Querriez autre jugement ;
Le jugement vos dirai bien,
30 Si que n'i mesprendrai de rien.

paroles, le Loup veut avoir à sa volonté les
bœufs, & sans contredit.
[1]. Ils parlerent, disputerent tant, qu'ils se
soumirent à la decision du goupis, du Renard.
[2]. Leur demande.
[3] Ce seroit en vain que vous chercheriez un
autre jugement que celui que je rendrai.

Mais ains vueil à chascun parler
Que je me puisse accorder.
Le Vilein par soi [1] apela,
Priveement li demanda,
S'une geline li dorroit,
Et sa feme une autre en auroit, [2]
Pour que il bien li aidast,
Et que du leu le delivrast.
Et li Vilains li creanta
40 Quanque il onques demanda,
Li gorpis vers le leu torna,
Priveement li demanda ;
Si je travail, dist-il, por toi,
De mielz m'en doit estre, ce croi ?
J'ai à cel Vilein tant parlé,
Que bonement m'a creanté,
Que un fromaige aurois vias ; [3]
Aussi grant com un talevas. [4]

1. En particulier, le Vilain seul. 2. La femme du Renard. 3. Vias ou viaus, est employé dans S. Gregoire pour *igitur*. Voyez le Glossaire. 4. Talevas, est un écu, un bouclier. Voyez le Glossaire.

Par tel convenant, que les bués
50 Ne chalangerez à voſtre oés, [1]
Li leus bonement l'otroia,
Et li gorpis apres parla :
Alons, diſt-il, ge te menrai,
Li fromaige te monſtrerai.
Li leus a guerpi le Vilain,
Si s'en vont andui main à main.
Le goupil, s'il peut, le menra
Si que jamais n'en revenra.
Li goupil s'en vait droit avant,
60 Et li leus le va ſuivant,
Tant le mena & eſloingna,
Que li ſolax lor eſconſa ; [2]
A un puis ſont tot droit venu,
Quant li gorpis l'et porveü,
La lune du ciel ſi luiſoit,
Et l'aive du puis clere eſtoit,
Li gopils le leu apela,
Et dedens le puis li moſtra,

1. Que vous ne diſputerez pas ſur la propriété des bœufs, que vous y renoncerez.
2. Que le ſoleil ſe cacha, s'éloigna de leur vûe.

R

    La forme de la lune plaine ;

70 Et dist, tant i convient de pai-
    ne,
    Qu'el 1 puis li convient avaler,
    Se del fromaige velt goûter.
    Et dist li leus, va t'en devant ;
    Se li fromaige est si grant,
    Que tu nel puisses apporter,
    Donc i doi-ge bien avaler.
    Au puis une corde pendoit,
    Aus deux chiez 2 deus seaus avoit ;
    En tel maniere erent noé

80 Pour aigve traire à volenté,
    Que quant li un d'ax avaloit,
    Li autre contremont estoit.
    Li gorpis a bien porveü,
    Coment li leus ert deceü ;
    En un des seaus est entrez ;
    El puis est soef avalez. 3

1. Que dans le puits.
2. Deux bouts, deux chefs.
3. Est descendu dans le puits très-doucement.

Li Lous rehaita son coraige : 1
Puis dist, vien, tenons le fromaige,
Et li gorpis li respondi,
90 Ge nel puis remuer de ci :
Avale, dist-il, & si m'aïde,
Ou tu n'en mengeras ja mie.
Li leus cru, el seel entra,
Et dedens le puis avala.
Si com il aloit avalant,
Li autre s'en venoit montant.
Li gourpis vint à mont montant,
Et li leus el puis avalant :
Ainsi com il s'entre encontrerent,
100 Dont li dist li gorpis, beax frere,
Alez vos fromaiges manger
Dont vos avez tel desirier.
Ce que li lous ot degnerpi,
Dont il cuida estre saisi,
Si l'en avint moult malement,
Qu'il perdi tot comunalment.
Et dist li Fils, bien l'engigna,
Et le vilain bien delivra.

1. Le Loup s'encouragea, se réjouit,

CONTE XIX.

Du Larron qui enbraça le rai [1]
de la Lune.

Li Peres ne se tut à tant,
Encore parla il avant.
Beax Fils, dist-il, ne croire pas
Tote la rien [2] que tu orras
Ains que tu l'aies essaié, [3]
Et par aucun autre esprouvé,
Que ne faces en tele maniere,
Come fist l'autre jor un lerre.
Et dist li Fils, coment le fist?
10   Li Peres li conta & dist :

1. Rai, raion, *radius.* C'est-à-dire que le larron embrassa l'ombre de quelque chose, comme un poteau, une solive, croiant que c'étoit le poteau même.

2. Toutes les choses, *totas res.*

3. Avant de l'avoir éprouvé.

R ij

Ge oï conter d'un larron
Qui ala en une maifon,
Où un moult riche home manoit,
Que que ce fuft, embler voloit
Sor la maifou tot droit monta,
Et par le toit bien efcouta,
S'aucuns [1] de la maifon veillaft
Pourquoi fon affaire laiffaft;
Mais li Sires de la maifon
20 Aperçut tres bien le larron;
S'il puet, tres bien l'engignera.
O fa feme foef parla. [2]
Demande, dift-il, bien halt,
Quiconque l'oie, ne me chalt [3]
Dont venu me foit la richece,
Dont ge vois menant tel noblece; [4]
Ne me laiffe pas repofer
Ains que tu me faces conter.

1. Si quelqu'un veilloit qui auroit été caufe
qu'il auroit abandoné fon entreprife.
2. Il parla bas, doucement avec fa femme.
3. Je ne m'embaraffe pas, il m'importe peu
qui l'entende.
4. Qui me fait mener, avoir un tel état.

    Cele fist com le comanda,
50 A haute vois li demanda :
    Sire por Dieu, quar me contez,[1]
    Par quel engig il conquis avez
    Vostre richece, vostre avoir,
    Que je nel poi onques savoir,[2]
    Ne ne vos vi onques marcheant,
    Ne prester pour gaaignier tant,
    Ne sai ou avez porchacié
    Que vos avez ce gaaignié.
    Et cil li respont, tort avez
40 Qui tele choses me demandez.
    De ce que Diex nos a presté,
    Faites en vostre volenté.
    Et cele moult plus l'engoissa,[3]
    Et de ce savoir s'efforça.
    Li Preudom grant dangier 4 fe-
      soit
    De dire ce qu'elle enquerroit :

1. Par quelle conduite, par quel esprit.
2. Que je ne le pûs jamais sçavoir.
3. Le pressa plus fort.
4. Faisoit beaucoup de difficulté.

Et en la fin, come par deftreſce, 1
Li dift dont li vint la richeſce.
Ge fui jadis, fait-il, larron,
50 Par ce entrai en poffeſſion.
Coment, dift-ele, avez emblé, 2
Quant onques n'en feüftes refté?
Mon maiftres, dift-il, m'enfeigna
Par un charme qu'il moult proifa,
Quant for une maifon eftoit,
Ce charme par fept fois difoit,
Le rai de la lune embraſſoie,
Et en la maifon avaloie,
Donc prenoie à ma volenté,
60 Que de riens n'ere encombré. 3
Et quant repairier m'en voloie,
Le charme par fept fois difoie,
Le rai de la lune enbraçoie,
Come par une efchiele montoie.
Ele li dit, quar m'enfeigniez
Le charme que vos faifiez.

1. Par contrainte. 2. Coment, vous avez
volé, & vous n'avez jamais été accufé?
3. Je n'étois embarraffé de rien.

Legierement , dist-il, faisoie ,
Cest mot *Saul* en sept fois disoie ,
Puis me pooit sans encombrer
70 Le rai de la lune porter ,
En maison ou l'eusse dit [1]
Ne s'esveillast grant ne petit ,
Et dist la feme , par saint Mor ,
Cist charmes valt un grant tresor ;
Se g'ai mais ami ne parent ,
Qui garir ne saiche autrement ; [2]
Cest charme li enseignerai ,
Et riche & manant le ferai.
Li Preudons assez la requist
80 Qu'elle se teüst & dormist ,
Quar il ot veillié longuement ,
Si ot de dormir grant talent , [3]
Et elle le laissa reposer ,
Et cil commença à froncher.
Et li lierres quant ce oï ,
Quida que il fust endormi ,

1. En la maison où je l'aurois dit.
2. Qui ne pi sse autrement vivre , se soûte-
nir. 3. Grande envie, desir.

Le charme n'a pas oblié,
Par sept fois l'a bien renomé,
Le rai de la lune embraça,
90 Ses piez & ses mains i laça,
A terre tantost tresbucha,
Et la dextre cuisse brisa,
La cuisse & le bras ensement,
Li rais l'ot porté malement.
Li Preudom com s'il s'esveillast
Et de la noise s'effreast,
Demande en halt ¹ que ce estoit
Qui tel noise lors demenoit.
Ce sui-ge, dist l'autre, larron,
100 Qui mar oï vostre sermon; ²
Vostre charme m'a si porté,
Que je sui mort & affolé.
Le larron ont pris maintenant,
A la jostise vont corant,
Si li ont le larron livré,
A destruire ³ est tantost jugié,

1. A haute voix.
2. Qui à la malheure entendis votre discours.
3. Pour être pendu.

S

Et dist li Fil, l'en a souvent
Par mal conseil encombrement.

Le Pere exhorte son Fils à aimer le Roi : il lui dit qu'un Roi sage & bon, fait le bonheur de ses sujets, qu'un Roi qui suit les mauvais conseils, détruit le Royaume, & fait le malheur de ses peuples.

Beax Fils, dist-il, ge te comant
Que du Roi soies obeissant,
Pourquoi il soit droituriers Rois
Selonc ce que dient les lois,
Que il est verge Diex 4 en terre,
Il fait la pais, il tolt la guerre,
Il fait justise des latrons,
Des robeors & des gloutons;
Il maintient la Crestienté
De quoi nous somes tuit sauvé.

1. La verge de Dieu.

Il lui dit ensuite, que si un Roi n'est
pas juste, il ne faut pas moins lui obeïr,
parce qu'il n'est comptable qu'à Dieu
de ses actions, que Dieu s'est reservé à
lui-même de l'en punir. Il prend de là
occasion de lui reciter le Conte qui suit.

CONTE XX.

Du marcheant qui ala veoir son frere.

GE oï d'un Roi conter,
S'il me puet ore membrer,
Qui plus donoit, & plus faisoit
Que sa terre ne li rendoit.
Avint si, qu'à un sien privez, 1
Qui ert saiges & alosez, 2
De son realme la maistrie 3
Livra, & tote la baillie.

1. Confident.
2. Qui étoit sage, & de grande réputation.
3. A qui il dona le gouvernement & le soin
de son royaume.

Icil les rentes recevoit,
19 Quanque au regne on faisoit, [1]
Justise faisoit, plaiz tenoit,
Et d'un & d'el par lui estoit, [2]
Si ot un frere marcheant,
Assez fu riches & menant.
La cité où celui estoit
Moult loing de son regne manoit.
Quant il oï la renomée
De son frere en la contrée,
Pourpense soi que il ira.
20 Appareille soi, si s'en va ;
Un messaige tantost envoia,
Qui a son frere le nonça,
Et cil s'en fait joiox & liez,
Contre lui vait, moult en fu liez,
Moult joieusement le reçoit,
Come frere doit autre par droit,
Par tot le fait apeler,
Et beau servir & honorer.

1. Tout ce que l'on faisoit dans le Royaume.

2. Rien ne se faisoit que par lui.

Quant auques des jors font alé, 1
30 Au Roi vint, fi li a moftré 2
Entre autres que lui plaifoit,
Et en coraige li eftoit,
Que fon frere li eftoit venu
Qu'il n'avoit en lonc tens veu.
Li Rois li refpont bonement,
Quant fon coraige ot, & entend : 3
Se voftre frere eft defirrox
De remaindre enfamble o vos,
A vos & à lui livrerai
40 La baillie de quanque j'ai ;

1. Après quelques jours paffés.

2. L'Auteur veut dire par ce vers, & les deux fuivans, qu'il a fait connoître au Roi, que, de toutes les chofes qui lui faifoient plaifir, ce qu'il avoit plus à cœur étoit l'arrivée de fon frere, qu'il n'avoit pas vû depuis long-temps.

3. Faites attention à la difference que fait l'Auteur du mot ot, ouit, *audit*, d'avec celui entend, *intendit*. Il dit lorfque le Roi ouit, & comprit le courage, c'eft-à-dire, l'intention, le deffein & la volonté de fon Miniftre.

S'il ce ne velt, el li ferai, 1
Dedens ma terre li dorrai
Quitement grans possessions,
De terres, de bones maisons,
Les costumes li relairai, 2
Nule riens n'en demanderai.
S'il a talent de retorner,
Et se il ne volt demorer ;
Faites li doner largement,
50 Dras, chevax, or & argent.
Cil a le Roi moult mercié,
Si a puis au frere mostré ;
Li marcheant n'ert pas briçon,
Son frere en a mis à raison : 4
Acontez moi, fait il, la rente
Au Roy, selon la vostre entente,

1. S'il ne veut pas cela, je lui ferai autre chose.

2. Je l'affranchirai des coutumes, c'est-à-dire qu'il sera exempt de tous droits féodaux, & de charges.

3. Il a ensuite fait connoître à son frere les intentions du Roi.

4. A fait expliquer son frere. 5. Du Roi

Li autres li a tot conté,
Si que riens n'i a oublié.
Li marcheans empres enquift,
60 Quele defpenfe li Rois fift.
Li autres li aconta bien,
Si que n'i laiffa nule rien,
Autant com la rente valoit,
La defpenfe au Roi montoit.
Li marcheans dift donc fon frère ;
S'il avenoit en tele maniere,
Que guerre forfift [1] en la terre,
Dont maintenant li Rois s'aguerre, [2]
Quant il or en la païs defpent
70 Tot ce qu'il de fa rente prent ?
Et l'autre dit, coment que foit,
Pour chafcun le nos convendroit. [3]

1. Arrivât dans le Royaume. Voyez le Gloffaire au mot forfift.

2. D'où le Roi tireroit-il de quoi faire la guerre, quand pendant la paix il dépenfe tous fes revenus ?

3. Il conviendroit que chacun de nous contribuât.

Ce dist li marcheans, par foi,
Cist porchas passeroit, ce croi, 1
Et par moi, & par mon voisin,
Ainsi avendroit en la fin.
Le congié prist, si s'en ala,
Et en son païs repaira.
Le Fils dist, par le mien col,
80 Cil marcheans ne fu pas fol.

Le Pere représente à son Fi's, que la paresse est un très-grand péché, il lui retrace plusieurs traits d'un home nomé *Maimon* grand paresseux, qui prit la fuite, & aima mieux laisser bruler sa maison, que de prendre la peine de l'éteindre. Il lui dit qu'il est souvent très-avantageux de fuir le grand monde, & de demeurer dans un endroit solitaire, Il lui rappelle Socrates qui s'étoit retiré dans un bois, où il n'avoit pour toute habitation qu'un toneau, il lui retrace

1. Ni mon voisin, ni moi ne serions exempts de cette imposition.

ce

qui se passa entre ce Philosophe & le
Roi Alexandre. Après quoi il l'exhorte
à être toujours sur ses gardes , de peur
d'être surpris comme le fut un larron.

CONTE XXI.

D'un Larron qui demeura trop au tresor.

IL avint jadis d'un Larron ,
Qui entra en une maison ;
Moult i trouva grant menantise , 1
Or & argent , & dras de Frise :
Tant i trova grant richeté ,
Que il en fu tout encombré , 2
Qu'il volsist prendre , & quoi laissier ,
Que il en volsist tot oster.
Tant ala iluec demorant ,
10 Du miels , du plus bel essisant ,

   1. Richesse, Voyez Manans.
   2. Qu'il étoit dans l'embarras de sçavoir ce
qu'il devoit voler , & ce qu'il vouloit laisser.

T

Tant longuement s'entente ₁ i mist
Que le jor tot cler le sosprist.
Quant li serjant ₄ de la maison
Perçurent iluec le larron :
S'empres le pristrent & le lierent,
Et en la chartre le giterent,
Pendu fu lues sans raençon,
Quar il estoit prové larron ;
Mais s'il se feust bien pourveü,
20 Tant que li jors fust aparus
Il s'en fust adonques partis,
Ains que il fust pris & honis.
He ! beax dolz Fils, ce dist le Pere,
Le siecle vait en tele maniere ;
Li siecle est com la maison
Que li jors sorprist le larron.
Icil qui met tote s'entente,
Et en vieillece & en jouvente,
Et en convoitise se cuelte , ₃
30 Icil est autex com li lerre :

1. Son entente . son attention.
2. Serviteurs . domestiques , *servientes;*
3. Il y a ainsi dans le manuscrit, mais le

Le derrain jor le sorprendra
Ains que il garde s'en dorra ;
Et s'il est pris en mauvaistiez,
Il ert enfin à mort livrez.
Li gaolier Dieu le prendront, 1
El puis d'enfer le geteront ;
Et au feu d'enfer le lieront,
Ou retor sans fin n'i auront.
Li siecles vait envanissant 2
40 Si come songes en esvaillant :
Si com li pueples selt 3 conter,
D'un hom qui voloit acheter
Mil berbis pour regaaignier ;
Mais ce fu nient à l'esveiller.

Le Pere recommande au Fils de penser à sa derniere heure & lui conte.

rime n'y est pas, il faudroit
        Et en convoitise se retrere,
S'abandonner à la concupiscence.
    1. Les geoliers de Dieu.
    2. Evanouissant, vient à rien.
    3. *Selet*, a coutume.

CONTE XXII.

D'un Philosophe qui passoit parmi un cimentire. *

DONC, dist li Fils, por Dé, bel
    Pere,
Porroi je en nule maniere
Par nule sente tres-passer,
Que mort ne me puist encontrer?
Ne-nil, ce dist le Pere enfin,
Qu'il n'i a fors que un chemin.
Par la mort te convient passer,
Ne c'on puet nus hom trestorner. 1
Li siecles n'est fors un trespas. 2
10 Tant com tu i demorreras,
Fai tant que tu puisses venir
El delit qui ne puet falir,

* A travers un cimetiere, au milieu, *per medium.*   1. Dont on ne peut détourner, exemp-
ter aucun home.   2. Passage.

A la joie que cil aront
Qui l'ovraigne Dieu ameront.
Fai ton tresor en la maison, 1
Où ne puet entrer nul larron,
Ne roigl nes puet empirier,
Ne teingne nel puet domagier.
Gardes que tu n'oublier pas
20 La mort par où tu passeras :
La remembrance de la fin,
Te mettra souvent au chemin
Dont nos somes tant forvoié
Par encombrement de pechié.
D'u Filosofe oï conter,
Mais ge n'el sai ore nomer,
Par un cimentire passoit,
Com aventure le menoit.
Une moult bele tombe vit,
30 En la tombe ot un vers écrit :

1. Il sousentend du Ciel.

*Thesaurizate vobis thesauros in cœlo, ubi
neque arugo neque tinea demolitur, & ubi
fures non effodiunt, nec furantur.* Matth.
Chap. 6. ℣. 20.

Li vers qui erent en la pierre,
Disoient en itele maniere.
O tu qui passes, bouche close,
Par la où cors de gent repose,
Enten ce que ge te dirai,
Ja de rien ne te mentirai.
Itel com tu es, itel je fui,
Et tel seras come ge sui.
A la mort ne pensoie mie
40 Tant come ge avoie la vie.
En terre avoie grant richece,
Dont ge fesoie grant noblece,
Terres & maisons, & grant tresor;
Dras, & chevax, argent & or;
Mais ore sui povres & cheitis,
Et parfond en la terre mis.
Ma grant beauté tote est alée,
Ma char est tote degastée;
Moult est estroite ma maison,
50 O moi n'a se vermine non:
Et se tu ores me voioies,
Ge ne cuit pas que ce diroies,

Que ge onques eusses hom esté,
Si sui ge or du tout mué. 1
Proiez le Celestien Roi,
Merci ait de l'ame de moi.
Tuit cil qui por moi proieront,
Et qui vers Dieu m'acorderont,
Djex le mete en son paradis,
60 Où nus ne puet estre chetis. 2
Quant li Filosofes ot lit 3
Les vers qu'il trova en escrit,
Bien entendi ce fu vertez, 4
Que tout le siecle ert vanitez ;
Le siecles guerpi come saige,
Et se mist en un hermitage.
Li Rois Alixandres avoit
Tombes d'or, si com l'en disoit ;
Plusors Filosofes i venoient,
70 Et lor pense 5 de lui disoient.

1. Je suis entierement changé.
2. Ou nul, persone ne peut être malheureux.
3. Lût.   4. Que ce fut la vérité que tout le
monde n'étoit que vanité !
5. Pensée.

Et un Filosofes i pensa,
Et en tele maniere parla.
Alixandre fist tresor d'or,
Et or refait de lui tresor;
Ains ne li pot avoir foison
Tote humaine possession;
Mais ore puet il avoir assez
En poi de terre, ce sçavez:
On le selt cremoir & douter,
80 Et deça mer, & delà mer;
Or ne le crient ons terriens, 2
Ne Sarrazins, ne Crestiens. 3
Il ot amis & anemis,
Or sont il tot à un mis.
Plusor autre qui i venoient,
Assez beax dis de lui disoient;
Mais ne me puet de tot membrer
Quanque j'en ai oï conter.

1. Tout l'univers sembloit ne pouvoir lui suffire, toutes les richesses n'auroient point été foison, abondance pour lui, foison du Latin *fusio*.

2. Home sur terre. 3. Ce mot Chrétien est bien placé ici en parlant d'Alexandre.

Il termine enfin cette inſtruction par
une longue tirade de ſentences & prover-
bes moraux ſur les vanités du monde,
ſur la néceſſité de bien vivre, & de
bien mourir. Il inſiſte principalement
ſur le danger auquel on s'expoſe en
différant ſa converſion.

Uns Filoſofes ſi parloit 1
A s'ame, & ſi l'amoneſtoit :
La moie ame, n'oblie pas,
Dont tu venis, & où iras :
Fai le bien tant com tu porras,
Tu ne ſais combien tu vivras.
Au grant Juiſe tot verras
Quanqu'el ſiecle fait averas : 2
Li Angles le teſmoigneront,
Et tes pechiez deſcouvreront,
Quanqu'averas ici celé,
Iluec ſera tot deſploié ;
Ne ti ami, ne ti parent
Valoir ne t'i porront noiant,

1. Parloit ainſi à ſon ame.
2. Tout ce que tu auras fait au monde.

V

Tuit ensemble te guerpiront,
Quant il mal jugié te verront.

. . . .

Pren te garde com sont alé
Cil qui ont devant toi esté :
Où sont or li Empereor,
Roi & Contor 1 & Aumacor 2
Qui assemblerent le grant tresor
De pierres, & d'argent & d'or ?
Or est si come n'eussent esté,
Or est tot lor boban alé ; 3
Ainsi est d'ax com de la flor
Qui chiet de l'arbre sans retor.

. . . .

1. Comtes, *Comites.*

2. Aumacor. Je n'ai vu ce mot qu'ici. Et
je n'en trouve point l'origine dans le Latin.
M. de Guignes l'un des Auteurs du Journal
des Sçavans, que j'ai consulté, m'a dit qu'en
Arabe *Omara-Khor* signifioit *Principes stabuli.*
Aumacor peut fort bien répondre à notre
mot connestable.

3. Or est toute leur pompe, leur faste
éclipsé.

Diex qui fift ciel & terre & mer,
Sans qui nul bien ne puet efter,
Nos doint le regne defervir, 1
Où nus Preudons ne puet faillir,
Où toz jors a joie & deduit. 2
Amen, Amen, dites treftuit. 3

1. Nous donc, faffe la grace de mériter le royaume.
2. Où il y a toujours joie & plaifir.
3. Tous en général.

Explicit l'enfeignement du Pere au Fils.

CHRONIQUES
DE S. MAGLOIRE,
ET
QUELQUES AUTRES PIECES
HISTORIQUES.

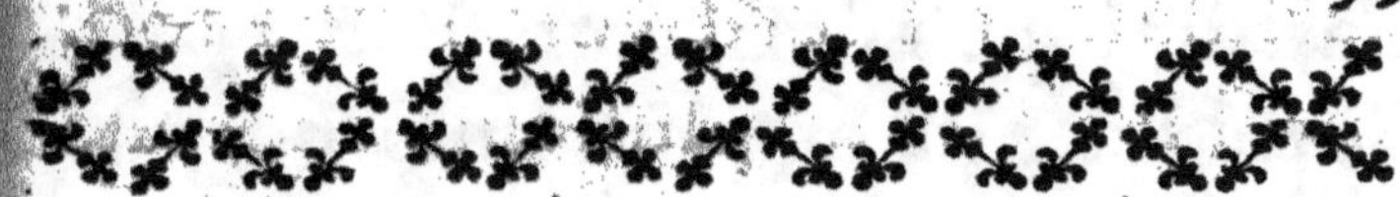

AVERTISSEMENT.

PLUSIEURS perſones m'ayant témoigné quelqu'empreſſement de connoître des morceaux hiſtoriques anciens ; pour les ſatisfaire , je commencerai par une Chronique abbregée de notre Hiſtoire de France depuis l'an 1214 juſqu'en 1296.

Cette piece Hiſtorique eſt connue par nos anciens Litterateurs & Hiſtoriens , ſous le nom de Chroniques de S. Magloire , parce qu'elles ſont dans le petit Cartulaire de cette Abbaye qui eſt à l'Archevêché , au fol. 76. Ce

Cartulaire eſt écrit vers l'an 1300:
Borel les cite en pluſieurs endroits
de ſon Tréſor.

Je continuerai dans les Volu-
mes ſuivants à mettre au jour
tout ce que je trouverai d'Hiſtorique & d'intereſſant.

CHRONIQUES

CHRONIQUES
DE S. MAGLOIRE.

L'An mil deux cens & dix & quatre ₁
S'alla Ferrans au Roy combattre : ₂

1. 1214.

2. Ferdinand Comte de Flandres s'étant re-
volté contre Philippe II. Roi de France fur-
nommé Auguste, dont il étoit feudataire, ce
Prince marcha contre lui avec une armée for-
midable, le défit entierement, & le fit pri-
fonier : cette bataille eft connue fous le nom
de Bovines.

Le Roi fit une entrée folemnelle à Paris, où
le Comte de Flandres y parut, chargé de chaî-
nes fur un chariot attellé de quatre chevaux
ferrans, c'eft-à-dire de couleur gris de fer. Le
peuple en le voyant ainfi ajufté chantoit ces
deux vers :

Quatre ferrans bien ferrez,
Traînent Ferrant bien enferrez.

Cet infortuné Comte fut mis dans la Tour
du Louvre, que Philippe avoit fait rétablir,
on fçait qu'il lui en coûta fes Etats pour avoir

X

Ou mois que l'en ſoie l'avene, 1

2   Et au jour de la Magdelene,

Fû a Bouvines la bataille

Où deſrompu ot mainte maille. 2

Li Quens 3 Ferrans liez & pris

En fu amenez à Paris,

Et maint autre Baron de pris,

10 Qui puis ne virent leur païs.

En l'an mil deux cens vint & trois

Fu mors Philippe li bons Roys. 4

ſa liberté. Le Roi pour reconnoître les faveurs du ciel en cette journée, fonda l'Abbaye de Notre-Dame des Victoires à Senlis pour les Chanoines Reguliers de S. Auguſtin. Suivant Paul Emile & autres Hiſtoriens, cette bataille ſe dona le 15. Juillet. Suivant celui-ci le 22. jour de la Magdelaine.

1. Au mois que l'on coupe l'avene, ſoier, couper, faucher, *ſecare*.

2. Où il y eut pluſieurs cotes de mailles rompues, c'étoient des armes préſervatives, des corſets faits de mailles de leton ou de fer.

3. Quens, Cuens, Comte, *Comes*.

4. Il mourut à Mantes le 14. Juillet, ayant regné 14. ans.

En l'an mil deux cens vint & quatre,
Fist Tibaus la monoie abatre 1
La viez monoie de Provins,
Où l'en boit souvent de bons vins. 2
En l'an mil deux cens & vint & sis
Fu mors nostre bons Rois Loïs. 3

1. Thibaut Comte de Champagne & de Brie, faisoit battre monoie à Provins petite ville de Brie, & c'est cette monoie que l'on appelloit des Provinoises.

2. Il faut que le terrain ait bien dégénéré ; car pour exprimer à présent du petit vin, on dit du vin de Brie, Boilleau. Sat. 3. *Que tous les vins pour moi deviennent des vins de Brie.*

3. Louis VIII, ayant entrepris de pourfuivre les Boulgres, ou Albigeois, espece d'hérétiques, assiegea Avignon le 11. Septembre, que cette ville se rendit. Retournant à Paris il passa par la Basse-Auvergne, & mourut à Montpensier le 8. Novembre.

Les Albigeois ou Boulgres, Bulgares suivoient les erreurs des Manichéens, & autres hérétiques, auxquelles erreurs ils ajoûtoient des impiétés horribles : ils ne baptisoient point les enfans à leur naissance. Il y eut une Croisade contre eux.

X ij

Li os [1] fu à Avignon assis [2]
20 Pour aller sur nos anemis,
    Qui estoient contre la foy
    De sainte Eglise & de sa loy.
    Quant li enfant estoient né
    Ne fussent ja Chrestiené ; [3]
    Et dura cele erreur lonc tens,
    Quinze ans, ou plus, si com je pens. [4]
    Et lors fist l'en un Croisement, [5]
    Dont l'en portoit la Crois devant.
    Ce fu la cause & l'achoison [6]
30 Por qu'en ala [7] en Avignon.
    A Monpencier fu mors li Rois
    En son repaire d'Aubigois. [8]
        L'an mil deux cens & vint & huit
    Venterent li grant vent par nuit,

1. Os, armée.   2. Assis, assiegé.
3. Baptisés.   4. Pens, pense.
5. Alors fit on une Croisade.
6. Achoison, sujet, occasion, prétexte.
7. Pour lequel on alla.
8. A son retour d'Albi, de la guerre contre
les Albigeois.

La veille d'une faint Martin,
Que yver fe trait à chemin. 1
    L'an mil deus cens & vint & dis
Fû Dan-Martin en flambe mis, 3
    Et fachiez qu'en cel an meime
40 Fû à Charonne la devine, 4
    Et les grans guerres en Champaigne,
Dames n'i ert que ne s'en plaigne. 5
    En tel point fu li Quens Thibaut, 6
    Qu'il ala nus comme un Ribaut, 7

1. Se traire à chemin, commencer un voyage, commencer fon cours. 2. 1230.

3. Dammartin petite ville dans l'Iſle de France à fept lieues de Paris fur le chemin de Soiſſons. La ville du Seigneur Martin.

4. Village près de Paris, où fe retiroient les difeurs de bone-aventure, fut auſſi incendié.

5. Il n'y avoit Dame qui ne s'en plaignît.

6. Thibaut Comte de Champagne qui avoit fait la guerre contre Louis IX. (S. Louis), & que la Reine Blanche gagna pour fon fils.

7. Il alla nud comme un Ribaut pour fçavoir ce que l'on difoit de lui. Un Ribaut étoit un home, qui fe louoit pour toutes fortes d'actions, difpofé à tous évenemens.

> D'autres ribaus avecques lui,
> Qui ne fu conu de nului ,
> Pour escouter que l'en difoit
> De lui, & qu'on en devifoit ,
> Tuit le retroient de traïfon , 3
> 50 Petit & grant , mauvez & bon,
> Et un & autre, & bas & haut,
> Lors dift li Quens à fon ribant :
> Compains, 4 or voit l'en bien de
>   plain , 5
> Que d'une denrée de pain 6

1. Afin de n'être connu de perfone.

2. Devifer, s'entretenir, les difcours que l'on tenoit de lui.

3. Tous l'accufent de trahifon.

4. Compaguon, camarade.

5. On voit bien à préfent, évidemment, de plain, *plane*, clairement.

6. Denrée, denerée , ce qui valoit un denier ; c'eft de là que nous appellons denrées tout en general ce qui fe vend en détail , à petites fommes , ainfi Thibaut auroit pu raffafier tous fes amis pour un denier de pain : ce qui coutoir un denier dans ce temps là coute-

Saouleroie tous mes amis ;
Je n'en ai nul , ce m'est avis,
Ne je n'ai en nuli fiance , 1
Fors 2 qu'en la Roine de France.
Cele li fu loiale amie ,
60 Bien monstra qu'ele n'en haiet mie 3.
Par li fu finée la guerre ,
Et conquise toute la terre.
Maintes paroles en dist an 4
Come d'Iseut & de Tristan. 5

roit aujourd'hui plus de deux sols, & par con-
sequent vingt-quatre deniers.

1. Je n'ai confiance en persone au monde.

2. Excepté, *foras*, aujourd'hui hors.

3. Elle fit bien voir qu'elle ne le haïssoit
point.

4. On parloit beaucoup des amours du Comte
Thibaut & de la Reine Blanche : M. de la Ra-
valiere , dans ses Lettres sur les Chansons de ce
Prince justifie cette Princesse , il combat Mat-
thieu Paris , il faut croire que ce Chronologiste
ne parloit que d'après la voix populaire , sur
laquelle il ne faut pas toujours compter.

5. Tristan Chevalier de la Table-ronde étoit
neveu de Marc Roi de Cornouailles qui avoit

guerre contre Argius Roi d'Irlande. Marc envoya
son neveu en Irlande pour négocier la paix ; il y
fit des actions de valeur, contre les ennemis
d'Argius, il combattit contre le Geant Blaanor
qu'il tua & en apporta les armes à Argius.
La paix étant faite, il demanda pour récom-
pense la belle Iseult, nommée ailleurs Isoue,
fille d'Argius, pour être la femme du Roi
Marc ; elle lui fut accordée. Le jour pris pour
le départ de la belle Iseult, le Roi Argius &
sa femme repandirent bien des larmes, la Reine
dit à Brangien gouvernante d'Iseult » Vezcy
» ung vaissel d'argent plain d'ung merveilleux
» boire que j'ay fait à mes mains : quant le
» Roy Marc sera couché avec Iseult la premie-
» re nuit, donez-le à boire au Roy Marc,
» & puys à Iseult, & puis gettez le démou-
» rant, & gardez que nul autre n'en boive,
» car grant mal en pourroit venir ; ce breu-
» vage est appellé le *boire amoureux* ; car si tost
» come le Roy Marc en aura beu & ma fille,
» après ils se aimeront si merveilleusement,
» que nul ne pourroit mettre discorde entre
» eulx deux.

Tristan & Iseule s'embarquent avec Brangien
& Gouvernail, que la Reine leur avoit doné
pour leur tenir compagnie. Etant dans le vais-

L'an

L'an mil deux cens & trente & huit,
Si com je pens, & come je cuit 1
Fu la grant alée des Barons,
Dont encore est li renons. 2
Li Quens de Bar ne revint pas,
70 Qu'il y fu pris, ce n'est pas gas, 3

seau à jouer aux échecs, ils furent surpris tous deux d'une soif violente, ils demanderent à boire, Brangien sans faire reflexion, leur donna de ce breuvage amoureux, & aussitôt ils furent saisis d'un amour si violent l'un pour l'autre ; que » Tristan fait d'Iseult ce qu'il veut, & » li tolt le nom de pucelle. « Ils s'aimerent toute leur vie, & cet amour leur causa de grands malheurs. Tristan épousa une autre Iseult surnomée aux blanches mains, mais il n'oublia jamais la fille d'Argius. Tous nos anciens Romanciers ont proposé ces deux amans, comme un modele de constance & de fidelité.

1. Si comme je pense, & présume.

2. Baudoin Comte de Flandres va à Constantinople. Thibaut Roi de Navarre alla en Syrie, où il mourut.

3. Ce n'est pas raillerie, il ne faut pas rire.

Puis lors ença a esté Quens
Thibaut ses fius Chevaliers buens. 1
L'an mil deux cens quarente huit,
Si com je pens & com je cuit,
Fu une alée de grand bruit, 2
Et la prise de Damiete
Qui mainte fois fu puis retraite. 3
Li Rois fu pris à la Marçourre, 4
80 Qu'il n'ot qui le peüst rescourre 5

1. Son fils, bon Chevalier.

2. Un voyage fameux, renomé. S. Louis s'embarqua à Aigue-Morte le 25. Août de cette année, & arriva en Chypre le 20. Septembre, où il séjourna, suivant quelques Auteurs jusqu'au 30. Mai 1249. suivant d'autres jusques au 13. du même mois ; il arriva devant Damiete le 4. Juin suivant, & prit cette ville le 6.

3. Ce vers peut s'entendre de deux manieres ; ou dont on a fait plusieurs fois mention depuis, ou qui depuis a été plusieurs fois reprise.

4. S. Louis se rendit à la Massourre au mois d'Octobre 1249. où n'ayant pû recevoir aucun secours de Damiete il fut contraint de se rendre à ses ennemis avec ses freres Charles & Alphonse, au mois de Février 1250.

Li Quens d'Artois pas n'en revint [1]
L'on ne seüt onques qu'il devint,
Ou si fu mors, ou si fu pris,
Mais toutes voies ot il du pis. [2]
Et sachiez que trois ans apres
Alerent li Bergiers empres, [3]
Dont li plus male voie tindrent, [4]
N'en leur païs pas ne revindrent.

L'an mil deux cens cinquante six
90 Fu Thibaus li Quens de Bar pris [5]

[1]. Robert Comte d'Artois son autre frere fut tué, s'étant avancé trop témérairement dans la bataille.

[2]. Mais quoiqu'il en soit, il lui en arriva mal.

[3]. [4]. En 1251. On vit paroître en France une troupe de brigands sous le nom de Bergers ou Pastourels, sous prétexte d'aller outre-mer pour délivrer S. Louis des mains de ses ennemis : sous ce même prétexte, ils comettoient des crimes horribles : leur chef fut tué dans le Berry, la troupe fut bientôt dissipée. Voyez *Nangis.*

[5]. Thibaut Comte de Bar fils de Thibaut Roi de Navarre eut un œil crevé dans la bataille contre les Frisons Occidentaux, le 28.

> En la bataille de Hollande ;
> Dont toute la gent fu dolente ;
> Et il i fu en l'ueil blecié
> Dont il en fu moult courouciés.
>
>   L'an mil deux cens foixante trois
> Furent abbatus li Manfois , *1*
> Li Efcuciau , *2* li Angevin
> Aufi furent li Poitevin.
>
>   L'an mil deux cens foixante quatre
> 100 S'ala Charles li Rois combattre *3*

Janvier, où Guillaume Comte de Hollande &
Roi des Romains fut tué.

1. Habitans du Mans.

2. Efcuciau. On croit que ces peuples étoient
les habitans du Perche , qui avec les autres
s'étoient revoltés , & furent obligés de rentrer
en leur devoir.

3. Charles d'Anjou frere de S. Louis en 1263.
fut appellé par le Pape pour être Senateur
de Rome & Roi des deux Siciles , il defit
Mainfroy à la bataille de Bonivent le 26. Février 1266. le même Mainfroy y fut tué. Charles & Beatrix fa femme avoient été couronnés
le jour des Rois de la même année. On fçait
qu'il eut de grandes guerres à foûtenir contre

En Puille [1] en contre Mainfroi
Qui fu pleins de mauvaife foi.
Et lors fu une Croiferie ;
Dont on portoit la Croix partie ;
Les Crois furent, fi com moi femble
De blanc & de vermeil enfemble.
A Bonivent fu la bataille,
La fu ocis Mainfrai fans faille, [2]
Et fa gent toute defconfite, [3]
110 Et li noftre s'en vindrent quite. [4]
Et Charles fu Roi de la terre ;
Mais ne la tint [5] jour fans guerre.
L'an mil deux cens foixante dix
Fu en Tunes li Rois Loys, [6]

Conradin. On fit à cette occafion une nouvelle Croifade. La Croix que l'on portoit étoit moitié blanche & rouge.

1. Apouille.

2. La fu tué Mainfroy fans mentir.

3. Detruite, le contraire de *conficere*.

4. Les nôtres, les François revinrent fains & faufs. 5. Pour la mefure de ce vers il faudroit ajoûter ja, jamais, nullement, point.

6. Tunes, Tunis, S. Louis partit fuivant

  Mort fu rapporté à Paris

  Et enterré à faint Denys.

  Diex lui pardoint tous fes meffez,

  Qu'il fu bon en dis & en fez

  Et en Efpagne, en fauve terre [a]

120 Ala fes fius folie querre.

   L'an mil deux cens feptante dix

   huit,

  S'accorderent li Baron tuit,

  A Pierre de la Broce [2] pendre :

  Pendu fu fans raençon prendre ;

quelques Auteurs le 1. jour de Mars, fuivant d'autres le 1. jour de Juillet, de Marfeille, ou d'Aiguemortes. Son armée fut attaquée d'une diffenterie très-cruelle, que l'on appelloit menoifon, menifon. Il vit mourir fon fils le Comte de Nevers, il termina fes jours par cette maladie le 25. Août.

  1. Il y a ainfi dans le manufcrit mais je crois qu'il faut lire fainte-terre, ou l'Auteur entendroit-il par fauve terre, Salvatierra, ville d'Efpagne près le Portugal ?

  2. Pierre de Broffe originaire de Lorraine & de baffe extraction, avoit fuivi S. Louis dans fes voyages en qualité de Barbier, il s'in-

Contre la volenté le Roy,
Fu il pendu, si com je croy,
Mien ancient qu'il fu deffet,
Plus par envie, que par fet
Six jours apres la saint Jehan,
130 Que li jours sont gregneur de l'an, 1

sinua dans les bones graces de Philippe le Hardi, & devint un personage important : il abusa de sa fortune, & se fit par conséquent bien des ennemis, qui travaillerent à sa perte : il fut accusé, & on trouva qu'il étoit coupable de plusieurs crimes : il fut pendu le 30. Juin 1278. au gibet de Montfaucon que ce même la Brosse avoit fait retablir quelques années auparavant. Mezerai dit que les Ducs de Bourgogne & de Brabant, & Robert Comte d'Artois, voulurent être présens à son suplice, & que ce fut en 1277. Suivant Nangis, il fut convaincu de calomnie contre la Reine Marie de Brabant. Suivant Du Tillet, d'avoir été d'intelligence avec le Roi de Castille contre Charles d'Anjou Roi de Sicile.

1. Que les jours sont les plus grands de l'année.

C'eſt lendemain de la ſaint Pere 1
Cele journée li fu amere.
  Un an apres, ce m'eſt avis,
Fu la grant douleur à Provins,
Que de pendus, que d'affolez, 2
Que d'ocis, que de decolez.
Mes ſires Jehan d'Acre fiſt
Grant pechié quant s'en entremiſt.
    L'an mil deux cens & quatre vins
140 Rompirent li pons de Paris,
Pour Sainne qui crût à outrage,
Et fiſt en maint leu grant domage
Et ſachiez que quatre ans apres
Revint un vent grant & engrez 3
Qui eſracherent les noiers,
Et depechierent les clochiers
Et en demoura pou 4 d'entiers
Le lendemain de ſaint Climent, 5
150 Se cil qui ce conta ne ment.

  1. Saint Pierre.   2. Affoler ; mutiler. Je n'ay
rien trouvé pour éclaircir cette anecdote.
  3. Engrés , furieux , mauvais , cruel. 4. Peu.
  5. S. Clement Pape & Martyr le 23. Novemb.
                                              Et

Et fu au soir d'un Vendredi
Avint, si com fu, je le di.
Et apres la saison nouvelle
Vint en France une nouvelle
De la mort au bon Roy Charlon,
Qui fu grant & de grant renon, 1
Et de la mort Pape Martin
Qui s'entramoient de cuer fin.
Et à la Pasques vint li Rois 2
160 Phelippe en Arragonois
Vengier la mort de ses amis,
Et de ceux qui y furent pris;

1. Charles Roi de *Sicile* mourut à *Fogia* en l'*Apouille* le 7. Janvier 1285. âgé de 66 ans. C'étoit un Prince plein de valeur.

Le Pape *Martin* IV. mourut à *Perouze* le 28. Mars de la même année.

2. *Philippe le Hardy* entreprit le voyage de *Catalogne* devers Pâques de la même année pour mettre son fils en possession du Royaume d'*Arragon*, & mourut à *Perpignan* le 6. Octobre; d'autres prétendent que ce fut le 23. Septembre.

Z

Mais tel cuide, se il li loist, 1
Vengier sa honte qui l'acroist.
Mar fu l'allée d'Arragonois. 2
Ains qu'il eust passé dix mois,
Burent-ils de la reconnée ; 3
Si fu la chose bestournée, 4
Et ala ce devant derriere ;
170 Car li Rois s'en revint en bierre
Sa gent matée & travaillée, 5
Et la grangneur 6 partie blecée.
De celui Roi ne soi 7 que dire,
N'ai pas esté à son concire, 8
Je ne sai riens de son affaire,
Nostre Sires li donst bien faire.

1. Ancien proverbe. Mais tel s'imagine, s'il est permis venger &c. loist, *licet.*

2. Le voyage d'Arragon fut malheureux.

3. Il y a reconnée dans le manuscrit, mais il faut lire retournée: boire de la retournée, c'est s'en revenir.

4. Le projet fut renversé, la chose alla tout autrement. 5. Fatiguée, attenuée.

6. Plus grande. 7. Je ne sçais.

8. Concire pour la rime, conseil.

L'an mil deux cens quatre vint & sept»

Si com li contes le retret , 1

Tarirent & puis & fontaines

180 Et si fu poi fains & avenes, 2

Qu'il out tel secheresse esté

Que il ne plout de tout l'esté , 3

Dont terre se deust sentir ;

Ensi le di-ge sans mentir.

Mais li fourages de gaain 4

Furent aré , & sans & sain 5

Pour la secheresse dou tans *

Qui ne fu mie en gain bons. 6

Cele année furent vin bon ,

190 Et blé si fu à grant lagan , 7

1. Ainsi que l'Histoire le rapporte.

2. Il y eut peu de foin & d'avoine.

3. Il y eut une telle secheresse n'ayant point plu pendant l'été. 4. Fourrages d'Automne que nous appellons regain , foin qui repousse après que les prés ont été fauchés.

5. Furent bien fanés , sains & saufs.

* Il manque une rime à tans.

6. Qui ne profita point aux usuriers.

7. Il y avoit si grande profusion de bled ;

    Pour quatre fols avoit l'en tel
    Qui fift bon pain en grant oftel ;
    Cil qui avoient les guerniers,
    Vouffiffent bien qu'il fuft plus chiers;
    Et povre gent eftoient lié 1
    Pour ce qu'il ert à grant marchié.
      L'an mil deux cens quatre vint &
    huit
    Faillirent bois & vergiers tuit 2
    Chenillés fi furent & bruit,
200 Et le noier fi furent cuit, 3
    Et li bourgeons des vignes tuit :
    Et en l'Aouft fift fi chaut tems ,
    Que les gens mouroient aus chans.
      L'an mil deux cens quatre vint &
    neuf
    Furent en vente tonel neuf

que pour quatre fols on en avoit fuffifamment
pour nourrir un menage.

    1. Les pauvres gens étoient joyeux parce
qu'il étoit &c.

    2. Tous les bois & les vergets furent mangés
de chenilles, & bruis par la gelée.

    3. Les noyers furent grillés.

Et ſi furent li viez auſint,   1
Qu'en cele année fu tant de vins,
C'on nes avoit à herbergier, 2
210 Pour ce furent li tonel chier.
De la bonté au vin me tais,
Cele année furent mauvais.
   L'an mil deux cens quatre vint &
   dis
Fu pou de vins de petit pris;
Mais cele année fu tant fruit,
Qu'onques n'en fu autant, ce cuit. 3
On avoit de tout le plus chier
Pour une obole plain panier.
Et cele année ſans doutance
220 Vindrent li Cardinal en France
En meſſage parler au Roy,
Mes on ne ſot onques pourquoi:
Et outrageus 4 deſpens faiſoient
Par tous les leus 5 où il aloient,

1. Et les vieux auſſi. 2. Que l'on n'avoit pas
même de tonneaux ni de lieu pour le ſerrer.
3. Je penſe, je préſume.
4. Outrageux, exceſſif. 5. Lieux.

Dont li Prieur & li Abbé
Se tenoient à mout grevé.
Bien orent en leur compaignie ;
Cinq cens chevaus, sans leur mes-
      nie. 1
En leur païs sai-je sans doute,
230 Que il ne menoient pas tel route, 2
Ainsi n'ala pas Dex par terre 3
Quant il vint ses amis requerre.
   L'an mil trois cens deux moins &
      quatre 4
Envoia les chastiaux abatre
En Gascoigne li Roi François, 5
Fu l'an neuvieme qu'il fu Rois.
Un an apres fu abatu
Rions, & la gent confondu
Qui demouroient ou chastel 6
240 Il y perdirent lor chatel

1. Mesnie , domestiques , maisonée.
2. Train , équipage.   3. Dieu.   4. 1294.
5. Philippe IV. guerre contre les Anglois.
Voyez Nangis.
6. Chastel , bourg , ville , *castellum*. Ils per-
ditent leur chatel , leur bien.

Et en furent tout essillié. 1
Li Rois Englais n'en fu pas lié.
En celle année, tot sans faille, 2
Fist-on en France deux fois taille ;
De la saint Jehan dusqu'au Karesme
Prinst on centisme & cinquantisme :
L'an mil deux cens & quatre vins
Et seize avec, que tant fu vins, 4
Fu tribulations au monde
250 Tant come il dure à la roonde,
De Rois, de Princes, & de Contes,
Dont je ne sai dire les contes ;
Qu'en Poitou, qu'en Angou, & qu'el
    Maine,
En Gascoigne & en Touraine
En Normandie & en Chartrain
De ce sui-je tres tot certain ;
Que en France, que en Champagne
Il n'y a nul qui ne s'en plaigne,

1. Ruinez. 2. Certainement, sans mentir.
3. On imposa deux fois la taille depuis la saint Jean jusqu'au Carême.
4. Il y eut tant de vin.

Des couftumes qu'eftoient levées 1
260 Seur blé, feur vin & feur denrées,
Et mefmement 2 feur tous meftiers
Seur taverniers, feur boulangiers
Et feur drapiers & feur freppiers,
Et fi n'oubliez pas les oes, 3
Ne vaches, ne toriaus ne beus
Ne les pourciaus, ne les aigniaus,
L'argent en prenoit de leurs piaus.
Et cele année, fi com moi membre 4
Furent les iaues grandes en Decembre
270 Si vilainement par creües,
Que el alerent parmi les rues,
As mefons grant mal eles firent,
Car pons & moulins abatirent
De Paris, de Miaus, 5 d'autres villes,
Veritez eft com Evangilles

1. Des impofitions.
2. Principalement, *maximè.*
3. Œufs.
4. Comme je m'en fouviens, me r'appelle.
5. Meaux.

De parler je m'enhardi,
Car li Noel fu au Mardi.
Deux jours apres Noel Octaves 1
Abati l'iaue mesons & caves,
280 Ne onques mais, si com je cuit,
Tel deluge home ne vit;
Ne ne vit on itel yver
Ne si felon, ne si divers 2
    Du tens passé ci me repose,
De nouvel tens, nouvelle chose
Quant je saurai les autres tes 3
Si les mettray aveques ces,
Et je vif tant, que je les oie :
Or nous doint Diex honor & joie,
Et si nous doint tel chose oïr
Qui tous nous face resjoïr. Amen.

1. Deux jours après l'Octave de Noel, le 3.
Janvier.
2. Cruel, & facheux.
3. Telles autres nouvelles. Je les ajoûterai
à celles-ci, si je puis vivre tant que je les
puisse voir.

A a

DES CRIS DE PARIS.

Par Guillaume de la Villeneuve.

Cette piece de Poëſie, toute indifferente qu'elle paroiſſe au premier coup d'œil, ſervira beaucoup à nous faire connoître pluſieurs uſages de la fin du treiziéme ſiecle ; temps auquel elle a été écrite : Elle ne contribuera pas peu à faire connoître les mœurs de ce temps reculé. On doit plus que préſumer que ces differens cris n'étoient pas nouveaux dans le temps de la vie de cet Auteur, & que par conſéquent ces differens uſages remontoient beaucoup plus haut. Ces cris ſont extraits du manuſcrit de la Bibliotheque Royale, Nº. 7218.fol. 246.

U N nouviau Conte ici nous trueve
Guillaume de la Villeneuve.

Puisque povretez le jouſtiſe, 1
Or vous dirai en quele guiſe
Et en quele maniere vont
Cil qui denrée 2 à vendre ont ;
Et qui penſſent de lor preu fere, 3
Que ja ne fineront de braire. 4
Parmi Paris 5 juſqu'à la nuit,
'10 Ne cuidiez pas qu'il lor anuit, 6
Que ja ne feront à ſejor: 7
Oiez c'on crie au point du jor.
Seignor, quar vous alez baingnier, 8
Et eſtuver ſans delaier ; 9

1. *Jouſtiſer*, commander, maitriſer, domi-
ner, preſſer, tourmenter.

2. *Denrée*, toutes marchandiſes qui ſe ven-
dent en detail, à petit prix, à deniers.

3. *Preu*, profit, *profectus*, qui penſent &
ſont attentifs à faire leur profit.

4. Ils ne ceſſeront point de crier.

5. *Parmi*, au milieu, dans les rues, *per
medium*. 6. Ne vous imaginez pas que cela
leur faſſe de peine ni d'ennui.

7. *Sejor*, être à ſéjour, repoſer, ceſſer.

8. Seigneurs allez donc vous baigner.

9. *Delaier*, verbe & ſubſtantif, ſans differer.

A a ij

Li baing font chaut , c'eft fans mentir.
Puis apres orrez retentir
De cels qui les frés harens crient.
Or au vivet 1 li autres dient.
Sor , & blanc haranc frés poudré , 2
20 Haranc noftre vendre voudré. 3
Menuife vive orrez crier ; 4
Et puis aletes de la mer. 5
Oifons , pijons , & char falée ,
Char frefches moult bien conraée. 6
Et de l'aillie à grant plenté. 7
Or ou miel , Diex vous doinft fanté. 8

dilatare , dilatio. On voit par ces vers que les bains chauds étoient en ufage en ces temps-là.

1. *Vivet ,* poiffon de mer , vive.

2. Harencs fors , fecs , & blancs , nouvellement falés.

3. Je n'ai rien trouvé qui puiffe expliquer ce que c'eft qu'un harenc noftre.

4. Vous entendrez crier , menues , petites vives , poiffon de mer.

5. *Aletes ,* oifeaux de mer , *Ales.*

7. Chair , viande fraiche bien parée , accomodée , bien coupée.

8. Enfuite au miel , Dieu vous donne fanté.

Et puis apres, pois chaus pilez , 1
Et feves chaudes par delez. 2
Aux, oignons à longue alaine.
30 Puis apres creſſon de fontaine ,
Cerfeuil , pourpié , tout de venue ; 3
Puis apres porete menue , 4
Letues freſches de-manois , 5
Vezci bon creſſon Orlenois. 6
Li autre crie par dalez , 7
J'ay bons mellens frez & ſalez. 8
L'aguille pour le vieux fer ai , 9
Or ça bon marchié en ferai.

1. Purée de pois , pois paſſés.
2. Delez , à côté , tout proche.
3. Pourpié , tout de ſuite , en même temps.
4. *Porete* , pourette menue , poirreaux , légu-
me potager.
5. *Demanois* , auſſitôt.
6. Voici bon creſſon d'Orleans , creſſon pour
la ſalade que l'on nome aujourd'hui creſſon
Laonois. 7. *Dalez* à côté , auprès.
8. Merlens , poiſſons de mer.
9. Je n'ai pu trouver ce que ſignifie cette
aiguille au vieux fer.

L'eve pour le pain, qui veut, si prai-
gne, [1]
40 J'ay bon fromaige de champaigne.
Or i a framage de Brie, [2]
Au bure frés [3] n'oubliez mie.
Or i a gruel & forment [4]
Bien pilé & menuement.
Farine pilée, farine,
Au lait, commere la voisine.
Cras pois i a, aoust de pesches, [5]
Poires de Chaillous, [6] & nois fres-
ches :

2. De l'eau pour le pain, en prene qui en veut.

2. On voit par là que les fromages de Brie
étoient deja renomés.

3. Bœure frais.

4. *Gruel*, gruau, farine d'avoine & de froment.

5. Pois fricassés, Pesches meures, l'Auteur
avoit besoin d'une rime, c'est pourquoi il a
transposé le substantif, aouster, signifie mois-
soner & meurir.

6. *Chaillous*, poires de Caillaux en Bourgogne,
poire d'une médiocre grosseur dont la peleure
est brune, fort pierreuse, & très-bone à cuire.

Primes ai pomes de rouviau , 1
50 Et d'Auvergne le blanduriau.
Al balais si com je l'enten ,
L'autre crie qui veut le ten , 2
L'autre crie la busche bone
A deux oboles le vous done
Huile de nois , or aux cerniaux.
Vinaigre qui est bons & biaus ,
Vinaigre de moustarde i a.
Diex a il point de lie là ? 3
J'ai cerises , or au verjus ;
60 Or à la porée ça jus ; 4
Or i a oés , or aus poriaus , 5
Chaus pastez i a , chaus gastiaus.

1. *Rouviau* , rouge , pommes de Caleville.
Blanduriau , Calville blanc venant d'Auvergne.

2. *Ten* , tan, mottes à bruler faites de tan composé de pileures, d'écorces de bois dont se ser-
vent les taneurs pour secher les peaux & former le cuir.

3. N'y a-t-il pas là de lie de vin à vendre ?
4. Venez chercher des herbes ici bas.
5. Voilà des œufs & des poireaux.

Or i a poiſſon de Bondies, 1
Chaudes oublée renforcies, 2
Galetes chaudes, eſchaudez,
Roiſſolles, ça denrées aus dez. 3
Cote & la cape par covent,
Clerc i ſont enganez ſovent. 4
Cote & ſorcote rafeteroie, 5
70 Et le cuvier relieroie :
Huche & le banc ſai bien refere, 6
Je ſai moult bien que je ſai fere.
J'ay joncheures de jagliaus, 7
Herbes freſches, les viez houſiaus, 8

1. Poiſſon des Etangs du bois de Bondis.
2. Oubliés renforcées, des gauffres.
3. Couennes de cochon grillées, voilà des petites marchandiſes à jouer aux dés.
4. Soutane, manteau à vendre ; les Clercs y ſont ſouvent trompés.
5. Habits & ſurtous je raccommoderois.
6. Coffre, buffet à mettre le pain.
7. *Jagliaux*, Iris, herbe qui produit des fleurs violettes ; joncheures, l'herbe de cette fleur dont on jonchoit les rues aux fêtes publiques.   8. *Houſiaux*, culottes.

Les

Les folers viez, & foir & main. 1
Aus Freres de faint Jacques pain, 2
Pain por Dieu aus Freres Menors, 3
Cels tieng-je por bons preneors.
Aus Freres de faint Augustin. 4
80 Icil, vont criant par matin
Du pain aus fas, pain aus barrez, 6
Aus povres prifons enferrez, 7
A cels du Val des Ecoliers 8
Li uns avant, li autres arriers,
Aus Freres des Pies demandent, 9
Et li Croifié pas nes atendent, 10

1. Vieux fouliers foir & matin.
2. Les Jacobins rue *S.* Jacques.
3. Les Cordeliers, je tiens ceux-là pour bons preneurs.
4. Les grands Auguftins. 5. Ceux-ci.
6. *Sas*, les Freres Sacherins, les Barrés, les Carmes. Voyez les monftiers de Paris.
7. Prifons, Prifonniers, enfermés.
8. La Couture fainte Catherine.
9. Les Chanoines Reguliers de fainte Croix de la Bretonnerie. 10. Ceux qui étoient Croifés pour la Terre Sainte n'y faifoient pas attention.

A pain crier metent grant paine,
Et li avugle à haute alaine,
Du pain à cels de Champ porri 1
90 Dont moult souvent, sachiez, me ri.
Les Bons Enfans orrez crier 2
Du pain, nes vueil pas onblier.

Les Filles Dieu sevent bien dire
Du pain, pour Jhefu noftre Sire.
Ça du pain pour Dieu aus Sacheffes. 3
Par les rues font grans les preffes,
Je vous di de ces gens menues,
Orrez crier parmi ces rues :
Menjue pain. Diex qui m'appelle ?
100 Vien ça, vuide cefte efcuele.

1. Le lieu où furent établis les Quinze-vingt, s'appelloit le Champ pourri.

2. Le College des Bons-Enfans établi à faint Honoré en 1208. Voyez les Monftiers de Paris : vous les entendrez demander du pain, & je ne veux pas les oublier.

3. Les Sachetines, Sœurs aux facs, vêtues de facs.

4. Menje-pain, toi qui mendie, demande du pain ; on appelle un mendiant.

Or viegne avant gaaigne pain, 1
J'esclarciroie pos d'estain 2
Je relieroie hanas.
Du poivre por le denier qu'as, 3
Or aus poires de hastivel, 4
Jorroises ai de grant revel, 5
Frés jonc à moult grant alenée.
Or ça à la longue denrée. 6
Noel, Noel, à moult grant cris, 7
110 J'ay rais de l'archaut raisi. 8

1. On voit paroître des gagnes-deniers, des gens qui raccommodent des hanaps.

2. J'écurerois, nettoierois.

3. *Qu'as*, que tu as.

4. Petites poires précoces encore connues sous le nom de Hâtiveau.

5. *Jorroises*, fruit rouge & long, fort aigre; on n'en voit plus à Paris.

6. Voici des marchandises plus cheres & des ouvrages plus considérables.

7. Des Livres contenant des Noëls. Ces Cantiques sont fort anciens. M. le Duc de la Valiere en a un Manuscrit du quatorzieme siecle très-précieux. 8. Des grillages de fil d'archal pour les fenêtres.

Cil qui crie biau se deporte 1
Qui vent le viez fer, si l'apporte.
Li autres dit autres noveles,
Qui vent viez pos, & viez paieles. 2
Li autre crie à grant friçon,
Qui a mantel ne peliçon, 3
Si le m'aporte à rasaitier, 4
Li autres crie son mestier ;
Chandoile de Coton, Chandoile,
120 Qui plus art cler que nule estoile. 5
Aucune fois, ce m'est avis,
Crie on le ban le Roy Loys, 7
Si crie l'en en pluseurs leus, 8
Le bon vin fort à trente deux, 9

1. Celui qui crie se réjouit.
2. Vieux pots, vieilles poéles.
3. Manteau, & mantelet doublé de peau.
4. Qu'il me l'apporte pour raccommoder.
5. Qui éclaire plus qu'une étoile.
6. On crioit alors le ban, pour fournir un contingent au Roi soit en hommes soit en argent.
7. Et crie-t-on en divers lieux.
8. Vin à trente-deux deniers pour le plus cher.

A feize , à douze , à fix , à huit ;
Moult mainent Crieor grant bruit 1
Crier oirez qui a à moudre , 2
J'aporte bones nois de coudre , 3
Les flaons chaus pas nes oublie , 4
130 J'ai chaftaignes de Lombardie ,
Figues de Melites fans fin , 5
J'ai roifin d'outre mer , roifin. 6
J'ai porées , & s'ai naviaux , 7
J'ai pois en coffe tos nouviaus.

1. Les Crieurs font grand bruit.

2. Les Meûniers & les Fourniers crioîent anciennement dans les rues, pour fçavoir qui avoir à moudre & du pain à cuire ; ce qui fe pratique encore dans les Provinces où il y a des moulins & fours banaux, publics.

3. Des noifettes ; le bois qui les produit eft nommé coudre.

4. Pièces de pâtifferie connues encore fous le nom de flancs : nes oublie, je ne les oublie pas. 5. De Malthe , *Melita.*

6. Raifin de Damas, qui probablement nous a été apporté par le moyen des Croifades.

7 J'ai des herbes & j'ai des navets.

L'autre crie feves noveles ;
Si les mefure à efcuelles.
Hannit d'aouft flairant com baufme ₁
L'autre crie chaume, i a chaume. ₂
J'ay jonc paré pour mettre en lam-
       pes , ;
140 Bones efchaloignes d'Eftampes, 4
J'ai favon d'outremer , favon.
Des poires de faint Riule avon ;

1. Anis ; *anethum* , qui fent *flagrat* , comme du baume.

2. Chaume, paille, *calamus*.

3. Anciennement , & je l'ai vu dans ce fiecle en Bourgogne , on fe fervoit de la moële d'un certain petit jonc qui croît dans les prés bas , au lieu de coton , pour faire les meches des lampes ; ce qui nous fait voir que l'ufage du coton n'eft pas ancien , ou du moins qu'il n'étoit pas fort commun. On trouve une preuve de cet ufage dans la traduction des Dialogues de S. Gregoire, du douzieme fiecle.

4. Les échalottes d'Etampes, petite Ville à 14 lieues de Paris, étoient renommées.

5. Poires de S. Rieul, fruit d'Automne.

L'autre crie fans delaier 1
Je fers de pingnes à refoier 2
Quant mort i a home ne fame ,
Criez orrez , proiez pour s'ame
A la fonette par ces rues. 3
Dont orrez autres gens menues
Poires d'angoiffe crier haut . 5
150 L'autre pomes rouges qui vaut.

1. Sans ceffe, fans délai, fans différer.

2. Je fers, je vends des peignes à faire des refeaux, des rêts, *retia.*

3. Ufage encore pratiqué dans les Villes, Bourgs & Villages fur les confins de la Normandie, comme à Villepreux, Mantes, Paci, Dreux & autres. Lorfqu'une perfonne meurt, un homme va dans les rues la nuit, en fonnant une fonnette ; il s'arrête à tous les carrefours, & crie d'une voix lugubre : Reveillez-vous , vous qui dormez , priez Dieu pour les Trépaffés.

4. Vous entendrez d'autres petites gens.

5. Crier des poires très - âcres que l'on nomme encore poires d'angoiffe , parce qu'il eft impoffible de les manger crues.

6. Vaut, qui en veut, *vult.*

Aiglantier por du pain l'en crie, 1
Verjus de grain à faire aillie. 2
Li uns borgons, li autres veilles, 3
Cornilles metires, Cornilles. 4
Alies i a d'aliïer, 5
Or y a boutons d'aiglantier, 6

1. Aiglantier, rosier sauvage, & petit rosier dont les roses sont couleur de pourpre.

2. *Aillie*, sauce, ragoût.

3. Borgons & Veilles sont deux especes de champignons qui croissent dans les prés.

4. *Cornilles*. Cormes & Cornes, fruit d'un arbre nommé Cormier, dont les feuilles approchent beaucoup de celles du frêne. Ce fruit est si âcre, qu'il seroit impossible d'en avaler la grosseur de la tête d'une épingle; & lorsqu'il est mol, il surpasse en bonté les nesles.

5. *Alies*, fruit de l'arbre Alisier qui vient dans les bois : il vient par bouquets, & est gros comme une médiocre noisette, & à peu près de la même couleur. Il faut aussi qu'il soit mol pour être mangeable; il a la propriété d'enyvrer.

6. Grateculs, Chinorodon.

Proneles

Proneles de haies vendroie. 1
Oiselez por du pain donroie. 2
Nates i a, & naterons, 3
160 Cerciaus de bois vendre volons. 4
L'autre crie gastiaus rostis,
Je les aporte toz fetis 5
Chaudes tartes & seminiaus, 6
L'autre crie chapiaux, chapiaux.
Gastel à feve orrois crier 7
Charbon le sac por un denier,
Nesfles meüres ai à vendre.
Le soir orrez sans plus atendre,
A haute vois sans delaier,
170 Diex, qui apele l'oubloier ? 8

1. Très-petites Prunes, fruit de l'épine noire qui vient dans les haies.

2. Oiselez, petits oiseaux.

3. Naterons, petites nattes.

4. Cercles pour les tonneaux.

4. Bien faits, joliment faits. 6. Espece de pâtisserie connue sous ce nom en Picardie.

7. Gâteaux pour le jour de la Fête des Rois.

8. Oublieux, gens qui crioient des oublies dans les rues pendant l'hyver ; c'étoient des

> Quant en aucun leu a perdu,
> De crier n'eft mie efperdu, 1
> Prés de l'uis crie où a efté,
> Aide Diex de Maifté, 2
> Come de male eure fui nez
> Com par fui or mal affenez, 3
> Et autres chofes affez crie,
> Que raconter ne vous fai mie,
> Tant i a de denrées à vendre,
> 180 Tenir ne me puis de defpendre. 4

garçons Pâtifliers que l'on faifoit monter après foupé ; on jouoit des oublies. L'Auteur repréfente ici un Oublieux qui avoit perdu, & qui déplore fon malheur. Il eft arrivé de grands accidens à ces fortes de gens, par des yvrognes & des libertins, plufieurs vols faits auffi par ces marchands d'Oublies. C'a été M. Herault, Lieutenant de Police en 1725. qui a entiere-ment aboli cet ufage. Les Pâtifliers avoient auffi dans leurs lettres le titre d'Oublayers jufqu'au dix-feptieme fiecle.

1. N'eft point apprentif de crier.
2. Au fecours Dieu de Majefté.
3. Comme je fuis mal en point, mal ajufté.
4. Je ne peux m'empêcher de dépenfer.

Que fe j'avoie grant avoir 1
Et de chafcun voufīfe avoir
De fon meftier une denrée,
Il auroit moult corte durée.
Tant poi i ai mis que j'avoie,
Tant que povretez me meftroie. 2
Apres mis ma robe jé, 3
Lefcherie m'a defrobé
Je ne fais mais 4 que devenir,
Ne quel chemin puiffe tenir.

1. Si j'avois un bien confiderable, & que je vouluffe avoir de chaque chofe que l'on crie feulement pour un denier, mon bien, quelque abondant qu'il fût, feroit bientôt dépenfé. Jugez de la valeur d'un denier en ce temps-là.

2. Le peu que j'avois, je l'ai dépenfé, de maniere que pauvreté me tourmente : *meftroiev* fignifie, commander, tourmenter, forcer.

3. Après avoir dépenfé mon bien, j'ai été obligé de vendre mes habits ; la luxure, la gourmandife m'ont dépouillé, de façon que je ne fçais plus que devenir.

4. Mais, plus.

C c ij

Fortune m'a mis en fa roë, 1
Chacun me gabe & fet la moë ;
Si ferai puis que fuis en queche 2
Du meillor fuft que j'aurai fleche.

1. Roë, roue, *rota* ; chacun me raille & me fait la moue.

2. Ainfi, puifque je fuis tombé en la mifere, je ferai fleche du meilleur bois. Queche eft là pour la rime : *cafus*, chûte ; fuft, bois, *fuftis*, d'où fûtaie.

Expliciunt les crieries de Paris.

LES MONSTIERS DE PARIS.

C'eſt-à-dire l'énumeration des Egliſes de Paris.

Cette Piece, au premier coup d'œil ne paroîtra peut être pas fort interreſſante : Elle ſervira au moins à faire connoître toutes les Egliſes qui ſubſiſtoient vers la fin du treiziéme ſiecle, temps auquel elle a été écrite, & fera connoître celles qui ont été bâties depuis.

Elle ſe trouve dans le manuſcrit de la Bibliotheque Royale, N°. 7218. f. 232.

HE, Noſtre Dame de Paris, Aidiez moi qui ſuis eſmarris. 1

1. En affliction.

Et vous Noſtre Dame des Champs, 1
Et ſaint Marcel li bien querant, 2
Et ſaint Victor li Dieu amis, 3
Et ſaint Nicholas li petis, 4
Et vous ſaint Etienne des Grés, 5
Et ſainte Genevieve aprés. 6

1. Les Carmelites du Fauxbourg S. Jacques, où étoit anciennement un Prieuré de l'Ordre de S. Benoît, nommé Notre-Dame des Champs, que quelques Auteurs prétendent avoir été fondé par Robert le Pieux, Roi de France. Ces Carmelites n'ont été établies qu'en 1604, par Marie de Medicis.

2. Avant ce temps-là S. Clement. On n'a rien de poſitif ſur la fondation de cette Egliſe : S. Marcel, Evêque de Paris, vivoit ſous Clovis en 480. Ce mot de bien querant eſt une cheville, qui ſignifie, bien cherchant, *bene quærens.*

3. Abbaye de Chanoines Reguliers, fondée par Louis le Gros vers 1115.

4. S. Nicolas du Chardonet en 1243.

5. Collégiale rue S. Jacques vis-à-vis les Jacobins, Egliſe fort ancienne : on ignore ſa fondation. Ainſi nommée, parce que l'on n'y parvenoit anciennement que par des dégrés :

Aidiez moi saint Simphoriens, 1
10 Saint Cofme & faint Dominiens, 2
Saint Hilaire, faint Juliens, 3
Qui herberge les Creftiens.
Saint Beneois li beftornez 4
Aidiez à tos malatornez.
Saint Jacques aux Prefcheors 5
Saint François aux Freres Menors. 6

nommée dans tous les Titres Latins, *sanctus Stephanus à greffibus.*

6. Sainte Genevieve du Mont.

1. Eglife Paroiffiale à S. Germain des Prés.

2. S. Côme, S. Damien, Paroiffe rue de la Harpe.

3. S. Hilaire, Paroiffe au mont Sainte Genevieve, vis à-vis la rue des Carmes. Saint Julien l'hofpitalier, dit à préfent le pauvre, au bas de la rue S. Jacques, dans une rue de ce nom près la rue Galande.

4. Eglife Canoniale & Paroiffiale rue Saint Jacques. Voyez l'Ordene de Chevalerie, au mot *Beftourner*, page 181. Malatornez fignifie ici pauvre, en mauvais état, dans l'affliction.

5. Les Jacobins rue S. Jacques.

6. Les Cordeliers. Ces deux Communautés établies par S. Louis.

Et ſaint Jehan à l'Oſpital. 1
Et ſaint Germain des prez là val. 2
Saint Blaives, & ſaint Mathelin. 3
20 Et ſaint Andrieu, ſaint Seurin. 4
Aidiez moi ſaint Germain li viex. 5
Et ſaint Sauveres qui vaut miex, 6
Saint Chriſtophe, ſaint Bertremiex 7
Et vous, biau ſire ſaint Mahiex. 8

1. S. Jean de Latran, Commanderie de l'Ordre de Malthe, Place de Cambray.

2. S. Germain des Prés. Là aval, en bas, en deſcendant la riviere.

3. S. Blaiſe, petite Chapelle rue Galande, près de celle de S. Jacques, dans laquelle les Charpentiers faiſoient faire l'Office, détruite depuis environ trente ans. S. Mathurin, les Mathurins, autrefois les freres aux ânes.

4. S. André des Arts, S. Severin.

5. S. Germain le vieux, au Marché-neuf.

6. S. Sauveur qui vaut mieux, rue Saint Denis.

7. S. Chriſtophe, petite Paroiſſe devant le Parvis de Notre-Dame, entre les rues de la Huchette & de Veniſe, qui ont été détruites avec cette Paroiſſe en 1745. pour faire la place

Sainte

Sainte Genevieve aux coulons, 1
Et vous ſaint Jehan li roons, 2
Sainte Marine l'Abeeſſe, 3
Li Saint de la Chapelle Eveſque. 4

du Parvis de Notre - Dame , & le nouveau bâtiment des Enfans-Trouvés.

S. Barthelemi, à préſent Paroiſſe devant le Palais.

8. L'Egliſe de Sainte-Croix en la Cité, fondée en 1136. ſous le titre de S. Hildevert, Evêque de Maux , & enſuite ſous l'invocation de ſaint Mathieu.

1. Aux pigeons, Sainte Genevieve des Ardens, qui étoit rue neuve Notre-Dame , détruite en 1745. pour faire le bâtiment des Enfans-Trouvés, réunie à la Madeleine, ainſi que S. Chriſtophe.

2. S. Jean le Rond, petite Egliſe qui étoit adoſſée à la tour gauche de Notre - Dame, où eſt la porte du Cloître, elle en étoit la Paroiſſe : & a été démolie en 1747. & réunie à ſaint Denis du pas, derriere le chevet de N. Dame.

3. Petite Paroiſſe en la Cité , & qui l'eſt de l'Archevêché, outre lequel il n'y a que ſeize maiſons qui en dépendent.

4. Chapelle de l'Archevêché, où on fait les

D d

Et l'Oſtel Dieu i vueil metre ;
Je ne m'en veille mie demetre : 1
30 S. Pierre aux buez , & S. Landriz 2
Et de la Chartre ſaint Denis 3
Et ſaint Denis du pas auſſi, 4
Saint Macias , 5 & ſaint Liefrois. 6

Ordinations : c'étoit anciennement une petite
Collégiale dépendante de Notre-Dame, ſuivant
les Cartulaires de l'Archevêché.

1. Je ne veux pas m'en diſpenſer.

2. S. Pierre aux bœufs & S. Landry , deux
petites Paroiſſes en la Cité.

3. Couvent de Benedictins de Cluni au bas
du Pont Notre-Dame, autrefois le grand
Pont, où S. Denis fut mis en priſon.

4. Derriere l'Egliſe de Notre-Dame , où
S. Denis fut mis dans une fournaiſe.

5. S. Martial , dans la Cité, étoit une Paroiſſe
qui a été ſupprimée , & réunie à S. Pierre des
Arſis depuis environ 60 ans.

6. S. Leufroy étoit une petite Paroiſſe au
bas du Pont au Change , à la place de laquelle
on a bâti la priſon du grand Châtelet.

Li saint de la Chapelle au Rois. 1
Et saint Germain Aucoirrois 2
Et saint Thomas du Louvre aussi ,
Et saint Nicolas delez li. 4
Et saint Honoré aux porciaux 5
40 Et saint Huistace de Champiaus 3

1. La Sainte-Chapelle , cour du Palais.

2. S. Germain l'Auxerrois , autrefois saint Vincent , Paroisse du Louvre & des Thuilleries.

3. Eglise Collégiale entre le Louvre & le Palais des Thuilleries. Cette Eglise abyma en 1739. & ensevelit sous ses ruines presque tous les Chanoines : elle a été rebâtie par les soins du fameux Germain , Orfevre , & est à présent sous l'invocation de saint Louis , à laquelle Collégiale on a réuni saint Nicolas , autre Collégiale presque joignante , & celle de saint Maur les fossés , près Paris.

4. A côté de lui. Voyez la note précédente.

5. Cette riche Collégiale doit sa fondation premiere en 1204. à un nommé Renold Cherein, & Sibile sa femme , Boulanger , qui donna 13 arpens de terre près la place aux pourceaux , qui étoit où est à présent la rue des Petits-Champs.

7. S. Eustache , Paroisse considérable située

D d ij

Et ſaint Ladre li bon meſiaux 1
Saint Leu & ſains Gilles li nouviaux 2
Et li bon ſaint des Filles Dieu, 3
Et ſaint Magloire n'en eſchieu. 4

dans un lieu appellé Champeaux, qui s'étendoit
juſqu'à la rue S. Honoré, où ſont les Halles.

1. S. Lazarre le lepreux, au haut de la rue
S. Denis.

2. S. Loup & S. Egide, alors nouvellement
fondée.

3. Communauté de Filles, rue S. Denis,
fondée par S. Louis.

4. L'Abbaye de S. Magloire fut fondée par
Hugues Capet au lieu où eſt le Palais aujourd'hui,
& l'Egliſe de S. Barthelemi, pour des Religieux
de S. Benoît. Ils furent enſuite transferés rue
S. Denis, au coin de celle de Salloconte: ils
furent en 1572. transferés au Fauxbourg ſaint
Jacques, où eſt le Seminaire de ce nom.
Ils céderent cette Maiſon rue S. Denis à des
Filles Penitentes, fondées par Louis XII. n'étant
que Duc d'Orléans, vers l'an 1494. Ces Filles
ſont ſous la Regle de S. Auguſtin. N'en eſchieu,
je n'en excepte pas ſaint Magloire, je ne le
retranche point, *non exſcido:*

Et la Trinité aux Aſniers, 1
Li ſaint au mouſtier des Templiers 2
Et cil du Val des Ecoliers. 3
Et ſaint Lorens qui fu roſtis, 4
Saint Salerne qui fu trahis. 5
50 Saint Martin des Champs n'y oubli,
Et ſaint Nicholas delez li. 6
Saint Pol, & ſaint Antoine i met 7
Et toi les bons ſains de Namet 8

1. Hôpital rue S. Denis : on ne peut rendre compte de cette épithete, Aſniers.

2. L'Egliſe du Temple, dédiée à S. Simon.

3. La Couture ſainte Catherine, vis-à-vis les Jeſuites de la rue S. Antoine.

4. Fauxbourg S. Martin.

5. On ne peut dire au juſte où étoit cette Egliſe ; on préſume que c'étoit l'Egliſe de la Vilette.

6. S. Nicolas des Champs, à côté de ſaint Martin.

7. Le petit S. Antoine, où ſont des Chanoines Reguliers de S. Auguſtin.

8. On ne ſçait point quelle étoit cette Egliſe.

Saint Jehan , saint Gervais en Greve 1
Et saint Bon où l'en fiert encleve 2
Et si i fera saint Bernars , 3
Le Monstier des Freres aux Sas, 4
Et si i fera saint Remis
Le Mouſtier aux XV. XX. 5
Et saint Leu que je n'oubli mie
60 La novele ordre de la pie

1. Proche la Greve.

2. Petite Chapelle près de S. Merry, autour de laquelle il y avoit des Maréchaux qui bâtoient fur l'enclume.

3. Les Bernardins , près le pont de la Tournelle.

4. Les Freres aux facs , ou les Sachets , Ordre de Mendians , établis au bout du Pont-neuf , où font à préfent les grands Auguſtins. Ces derniers furent d'abord établis près la rue Montmartre , où eſt une Chapelle nommée la Juſſienne, c'eſt-à dire de Ste Marie Egyptienne. Les Sachets ou Sacherins ayant été diſperſés en différens Couvens, les Auguſtins vinrent s'y établir.

5. Les Quinze-vingt, établis par S. Louis fous l'invocation de S. Remy.

Qui sont en la Bretonerie. 1

Saint Giosses 2 & saint Merry.

Et sainte Katerine aussi , 3

Saint Innocent aus bons Mattirs 4

Saint Jacques de la Boucherie 5

Sainte Oportune bone amie. 6

Aidiez de bon cuer & d'entier

68 A toz cels qui en ont mestier. 7

1. Chanoines Reguliers établis par S. Louis en 1268.

2. S. Josse , petite Paroisse rue des Lombards.

3. Hôpital, rue S. Denis, pour recevoir les Filles servantes sans condition , desservi par des Religieuses de l'Ordre de S. Augustin.

4. Les Innocens, rue S. Denis.

5. Rue S. Martin.

6. Rue S. Denis , Collégiale.

7. A tous ceux qui en ont besoin.

DU VARLET,

Qui se maria à Notre Dame ; dont ne volt qu'il habitast à autre.

Par Gautier de Coinsi Religieux Bene-
dictin de saint Medard de Soissons,
ensuite Prieur de Vi sur Aine, Poëte
du treizieme siecle.

Tenez silence, bones gens,
D'un miracles qui moult est gens, 2
Si vous pri dont de l'escouter.
Dire vous vueil & reciter,
D'asodre ceus que Dieu s'atendent. 3
Trop malement tuit cil s'atendent,

1. D'un jeune homme.
2. Joli, agréable, gracieux.
3. Ce vers est une cheville qui signifie, pour m'acquitter envers ceux qui rendent à Dieu ce qui lui est dû.

Et

Et si se tuent & afolent,
Quant riens promettent qui ne sol-
    lent [1]
A Dieu & à sa douce mere.
10 Mon livre dist, & ma matere
Que devant une bele Eglise
Une ymage orent la gent assise
Pour l'Eglise qu'il refesoienr,
Au pié de l'ymage metoient
Leur offrande li trespassant.
Souvent s'aloient amassant
Les joenes gens de cele place,
A la pelote & à la chace. [2]
Un jor i ot une grant flote [3]
20 De garconnez à la pelote
Devant les portaus de l'Eglise,
Ou cele ymage fu assise.
Un des garçons i ot moult bel,
Qui en son doi ot un anel,

1. payent, s'acquittent, *solvunt.*
2. Pour jouer à la pelotte, jeu d'enfans
encore en usage.
3. Flotte, troupe, affluence.

E e

Que s'amie 1 li ot doné.
Amour l'ot tant à ce mené,
Pour grant chose ne voussist mie
Que l'anelet, qui fu s'amie,
Feust perdus ne peçoiez ; 2
30 Vers l'Eglise s'est adreciez
Pour l'anel metre en aucun lieu,
Tant que il s'est partis du gieu. 3
Que qu'il pensoit en son corage, 4
Regardez s'est, si vit l'ymage,
Qui toute estoit fresche & nouvelle :
Quant l'a veue si tres belle,
Devant li s'est ajenoilliez,
Moult doucement à yeux moilliez
L'a enclinée & saluée,
40 En pou de temps li fu muée

1. Son amie : c'est ainsi qu'il faut écrire ce
mot, & non sa mie.
2. Brisé, rompu, mis en pieces.
3. Jeu.
4. On ne sçait ce qu'il pensoit en lui-même :
corage se prenoit anciennement pour l'esprit.

Sa volenté & fon corage,
Dame, fet-il, en mon aage,
D'ore en avant vous fervirai,
Car onques mais ne remirai
Dame avenant, ne fi belle,
Tant fuft mefchine ne pucelle ;
Tu es plus belle & plus pleffans
Que cele n'eft cent mile temps 1
Qui ceft anel m'avoit doné :
50 Je li avoie habandoné
Tout mon courage, & tout mon ouer;
Mes pour t'amour vueil giter fuer, 2
Li & s'amour & fes joiaus ;
Cift anel ci qui moult eft biaus,
Te vueil doner par fine amour,
Par tel convent, que ja nul jour
N'aurai jamais amie ne fame,
Se vous non, 3 bele douce Dame;
L'anel qui tint bouta lors droit
60 Ou doy l'image 4 qu'ot tot droit.

1. Cent mille fois.   2. Eloigner.
3. Sinon vous, excepté vous.
4. Au doigt de.

L'ymage tost isnellement
Plia son doi tout erraument,
Nus homs ne l'en pooit retrere,
S'il ne vaussist l'anel deffere.
Li enfes ot moult grant paour,
En haut escrie de paour,
En la grant place ne demeure
Petit ne grant qui n'i aqueurre,
Et il leur conte tout à fet
70 Quanque l'ymage ot dit & fet,
Chascun li dist & se merveille,
Chascun li loe & li conseille
C'un tout seul jour plus n'i atende ;
Mes lest le siecle. 1 si se rende,
Si serve Dieu toute sa vie
Et ma Dame sainte Marie
Qui bien li monstre par son doit ;
Qui par amour amer la doit,
Que autre amie ne doit avoir,
80 Mais n'ot mie tant de savoir 2
Qui li tenist sa convenance,
Mais il la mist en oubliance,

1. Laisse le monde.   2. Prudence.

Que moult povrement l'en fouvint.
Un jor ala, & autre vint,
Li clerjons [1] crut & amenda
L'amour s'amie le benda
Si fort les yeux, qu'il ne vit goute,
La mere Dieu oublia toute ;
Gil fu aveuglez, ne fe crut
90 D'amer s'amie ne recrut [2]
Cui l'anelet avoit efté,
Son cuer y ot fi arrefté,
Que pour li leffa Notre Dame,
Si l'efpoufa, & prift à fame :
Les noces fift moult riches fere,
Car moult eftoit de grant affere, [3]
De grant parage [4] & de grant gent,
Le lit fu fet & bel & gent,
En la chambre qui moult iert gente,
100 Li clers qui ot mife s'entente [5]

1. Petit clerc, jeune enfant.
2. Ne fe laffa ne s'abftint.
3. De grand état.
4. De grande famille, parenté.
5. Son inclination, attention.

En amer la noble pucelle
Qui moult estoit mignote & belle,
Moult desira o lui gesir,
Car moult estoit en grant desir;
Mais erraument qu'il fu ou lit,
Ne li souvint de nul delit,
Ains s'endormi tout sans plus fere.
La douce Dame debonere,
Qui est douce com miel en rée
110 Tout droit au clerc s'est demonstrée,
Avis li fu que Nostre Dame
Gisoit entre lui & sa fame,
Le doy monstroit o tout l'anel
Qu'a merveille li sembloit bel,
Car li dois ert polis & drois:
Se n'est mie, fet ele, drois
Ne loiauté que tu me fais,
Ledement t'ies vers moi meffais, [1]
Vez ici l'anel à t'amie
120 Que me donas par druerie,
Et si disoies que cent tans [2]
Estoie plus belle & plessans

1. Tu as vilainement agi avec moi.
2. Cent fois.

Que pucelle que tu euſſes ,
Loyale amie en moi euſſes
Se ne m'euſſes deguerpie
La roſe leſſe pour l'eſpine 1
Et l'eſglantier pour le ſeü.
Chietif , trop ieres deceü ,
Que le fruit leſſes pour la fueille ;
130 La lamproie pour la ſautueille ,
Pour le venin & pour le fiel
Leſſe la roſe & le dous miel.
Li clers moult s'en eſmerveilla ,
De la viſion s'eſveilla ,
Eſbahis eſt en ſon courage ,
Lez lui cuyde trouver l'ymage ,
De toutes pars taſte à ſes mains , 2
Mes n'i treuve ne plus ne mains. 3
A donc ſe tient à deceü ,
140 Quant à ſa fame n'a gieu ,

1. Il y a ainſi dans le Manuſcrit ; mais au lieu d'épine , il faut lire ortie ; & le laurier pour le ſureau.
2. Avec ſes mains.
3. Mais n'y trouva rien.

Mes il n'en puet venir à chief, 1
Ains s'est rendormis derechief.
La mere Dieu isnellement
Se r'aparut iriement,
Chiere li fet moult orgueilleuse.
Ne cuidiez pas que ce soit oiseuse,
Bien semble au clers & li est vis,
Ne li daigne torner son vis,
Ains fet semblant que moult le
    hace, 2
150 Si le ledenge & menace,
Et dist assez honte & ledure,
Souvent l'appelle faus parjure
Et foy mentie, & renoié ; 3
Bien t'ont le Deable forvoié, 4
Et avuglez, fet Notre Dame,
Quant tu pour ta chietive fame
M'as renoiée & deguerpie ;
Sans la pulente pulentie 5

1. Venir à bout.   2. Haïsse.
3. Parjure, renegat.   4. Egaré.
5. Infecte. Quelques Poëtes des douze &
treizieme siecles s'amusoient ainsi à faire des
jeux de mots.

De

De pulantie enpulentez
160 Pour tes pulentes pulentez.
Li clers faut fus tous efbahis,
Bien fet qu'il eft mors & traïs,
Quant courroucié a Notre Dame
Se tant ne quant touche à fa fame,
Bien fai que mors fui & peris.
Confeilliez moi fains efperis,
Ce dift li clers tout en plorant,
Se je vois ci plus demorant,
Perdu ferai tout fans demeure.
170 Du lit faut fus, plus n'i demeure,
Si l'efpira la douce Dame, 1
Qu'onc n'efveilla home ne fame,
Ains s'enfouy en hermitage
Et prift habit de moniage :
Là fervi Dieu toute fa vie
Et ma Dame fainte Marie :
Ne volt ou fiecle remanoir,
Avec s'amie ala manoir,
Cil qui avoit par amours mis
180 L'anel ou doi com bons amis,

1. La Vierge lui infpira ainfi.

P f

Dou siecle tout se delivra ,
Et à Marie se maria.
Moines ou clers quant se marie
A ma Dame sainte Marie
Moult hautement s'est mariez
Qui à tel Dame est mariez.
Et tuit cil trop se mesmarient
Qui aus marions se marient,
Par marions, & par mariés ,
190 Sont maintes dames mesmariées.
Pour Dieu ne nous mesmarions ,
Laissons marier marions ,
Si nous marions à Marie ,
Qui ses maris ou Ciel marie,
Amen.

MIRACLE DE NOSTRE DAME;

Qui gari un Moine de son ler. 1

Par le même, du même manuscrit.

BIEN est que nous le bien dions, 2
Car male coloquations 3
Despiece & corront bones mœurs,
Et moult empire les pluseurs,
Bien fet, qui bien fet & retret, 4
Car maint home sache & retret
De fol penser & de fole œuvre
Exemple de bone parole, 5

1. Laict, *lac.* 2. Disions.
3. Mauvais entretiens, colloques.
4. Celui-là agit très-bien qui fait bien, &
& récite le bien qu'il sçait, car il retire plusieurs
hommes des mauvaises pensées, & les empêche
de faire des mauvaises actions.
5. Le meilleur discours, la meilleure prédication est l'exemple; c'est pourquoi nos ancêtres
avoient grand soin de recueillir en écrit les

Ça en arriere noſtre 1 anceſtre.
10 La converſation & l'eſtre
Les 2 bones gens, qui le bien firent,
En memoire & en eſcrit mirent,
Pour ce qu'exemple i prenons,
Et queque 3 nous i meriſons.
Un miracle d'un moine truis 4
Que vueil retrere, 5 ſe je puis,
Si com la lettre le m'enſeingne
Pour ce qu'a vos exemple i preingne.
Un moine fu ça en arriere, 6
20 Qui moult tenoit & avoit chiere,
Et moult avoit en grant memoire
La douce Dame au 7 Roy de gloire,

converſations & la conduite des bonnes gens, afin que nous priſſions exemple ſur eux, & qu'elles nous fuſſent profitables. Parole ne rime guéres à œuvre, mais cela étoit ordinaire dans les ſiecles reculés.

1. Nos. 2. Des. 3. Queque, en quelque maniere. 4. Trouve.

5. Retrader, rapporter, réciter, *retrahere.*

6. Ci-devant, au temps paſſé, *retro.*

7. Du.

Devotement & de bon cuer 1
Chantoit & travailloit en cuer. 2
Mais ja n'euſt tant traveillié, 3
Ne tant chanté, ne tant veillié
Jour & nuit apres le convent,
Ne demouraſt aſſez ſouvent
Tout ſeul dedens une Chapelle,
30 Où une ymage avoit moult belle
De ma Dame ſainte Marie,
Ses oroiſons, ſa Letanie
Et le ſerviſe entierement
La 4 mere au haut Roi, qui ne ment,
Diſoit ſouvent par fin 5 uſage.
Cheüs eſt en un grant malage 6

1. Cœur, *cor.*   2. Chœur, *chorus.*

3. Quoiqu'il eût beaucoup travaillé, chanté
& veillé, cela ne l'empêchoit pas, après que
toute la Communauté étoit couchée, qu'il ne
veillât encore dans une Chapelle.

4. De la.

5. Le mot *fin* a bien des ſignifications dans
nos anciens Auteurs; vrai, veritable, légitime,
louable, ſincere.

6. Il tomba dans une grande maladie.

Qui moult le grieve durement ;
N'a pas geü trop longuement , [1]
Quant en la gorge li relieve
40 Un raancle [2] qui le grieve ,
Et raancle si durement
Que bien le puis dire briefment ;
Parler un seul mot, ne puet dire ;
Souvent pleure , souvent soupire
Souvent la mere Dieu reclaime
Que tant a amée & tant aime,
Hydeux est & les ; [3] durement

Tout le vis [4] a pâlis & taint ,
50 Tant l'a la maladie ataint,
Si grans boces , & si grans clous,
Et si y a tant playes & trous,

1. Il ne fut pas long-temps alité ; geüs,
jacuit.

2. Un chancre qui le tourmente & le ronge
si cruellement , si fortement.

3. Hideux , *horridus* , lès , laid , de *ladere.*
Il manque un vers : le sens y est.

4. Vis , visage.

Que plus put assez d'une sette ; 1
Moult se detourt 2 moult se degete ,
Et moult sueffre grant passion ,
Se de lui n'a compassion
La mere Dieu , mal est baillis. 3
Un jour par est si defaillis ,
C'on dit , l'ame s'en va sans faille ; 4
60 Lors n'i a moint qui n'i saille , 5
Et qui hastivement n'i queure , 6
La mere Dieu qui le sequeure
Prie chascun à haute vois ,
L'yaue benoite 7 & la Crois
A li convens tost aportée ,
L'ame en est , font pluseurs , 8 alées

1. Qu'il est beaucoup plus puant qu'une espece
de loutre fort puante.
2. Se tourmente, *distorquere.*
3. Il est en mauvais état.
4. Que l'on dit que l'ame va partir du corps
indubitablement.
5. Qui n'y aille.
6. N'y court.
7. Benite.
8. Disent pluseurs.

Non est encor, li autre dient,
A grant doutance l'enneulient 1
Car ne sevent s'est mors ou vis, 2
70 Tant a enflé & gros le vis, 3
Qu'il n'en pert ne oeil ne bouche 4
Moult à envis 5 chascun i touche ;
Car ou visage à tant de plaies,
Plaines d'estoupes & de naies, 6
Et tant en saut venin & boue
Qui tout son lit en soille & boue, 7
Leur nez estoupent 8 li pluseur
De leur mauches pour la pueur,
Pour ce qu'il est pâles & tains 9
80 Cuide chascun qu'il soit estains 10

1. Enneulier, enolier, oindre d'huile,
donner l'Extreme-Onction.

2. S'il est mort ou vivant.   3. Visage.

4. Paroît qu'on n'y distingue pas les yeux &
la bouche.

5. C'est avec peine, avec répugnance que
chacun y touche ; envis, *invitus*.

6. Naies, mousse, écume.

7. Salit, remplit de boue, de pus.

8. Bouchent. 9. Défait, défiguré. 10. Mort.

Et

Et que l'ame s'en ſoit partie.
Lors commencent la Letanie,
Et l'oſeque, 1 ce m'eſt avis,
Le Chaperon devant le vis, 2
Sachié li ont ſans plus attendre ;
Mes cele qu'eſt piteuſe & tendre
Eſt deſus toutes creature
Le ſecourut grant aleüte 3
La douce mere au Roy de gloire
90 Qu'il ot en cuer & en memoire,
A lui s'apert blanche & florie
Plus que n'eſt fleur qu'eſt eſpanie,
La rouſée enrouſant de May,
D'or en avant pou m'en eſmay,
Quant la Dame s'en entremet,
Qui de treſtous maus s'entremet
La haute Dame glorieuſe,
L'umble, la douce, la piteuſe,
Moult doucement lez lui 4 s'apuie,
100 Toutes ſes plaies lui eſſuie,

1. Obſeques, prieres pour les morts.
2. Lui ont tiré ſon capuchon ſur le viſage.
3. Aleüre, pas, train, promptement.
4. A côté, *ad latus.*

G g

D'une toaille 1 assez plus blanche
Que noif 2 negiée sus la branche :
Moult doucement s'en entremet
Sa blanche main polie met
Desus son front moult doucement ;
Puis li dit piteusement
Coment vous est, biau dous amis ?
Haute Dame de Paradis,
  Fet cil, qui bien l'a coneüe,
110 J'ai un malage qui m'argue
Et joustise 3 si durement,
Morir m'estuet 4 honteusement,
Se vo douceur ne me regarde.
Biau dous amis, or n'aiés garde, 5
Fet ma Dame sainte Marie,
  Porce que de cuer m'as servie,
Souffrir ne puis plus que languisses
Ne que honteusement fenisses 6

1. Serviette.   2. Neige, *nives.*
3. Tourmente, accable.
4. Me convient.
5. Ne vous embarrassez point.
6. Meures.

Par tant verras combien je t'aim : 1
120 Atant de ſon ſavoureus ſain 2
Trait ſa mamelle ſavoureuſe,
La douce Dame, la piteuſe,
Si li boute dedens la bouche,
Et puis moult doucement li touche
Par ſa douleur, & par ſes plaies :
D'or en avant doutance n'aies
Qu'à la gloire de Paradis,
Fet-ele à lui, biau dous amis,
Tes eſperites 3 partira,
130 Quant de ton cors departira,
A tant de lui s'en departit
La douce mere Jheſu Criſt :
Enſevelir ja le voloient
Et metre en biere, quant le voient
Remuer & eſtendiller, 4
Moult ſe prennent à merveiller. 5

1. T'aime, rime conſonnante & forgée.
2. Sein, *ſinus.*
3. Ton eſprit.
4. S'allonger.
5. Commencent beaucoup à s'étonner.

En piés faut fus, quant il s'efveille,
Souvent fe feigne & fe merveille [1]
De notre Dame qu'a perdue
140 Dites, fet-il, gent efperdue, [2]
Mal doctrinée & mal aprife
La mere au Roy qui tout juftife [3]
Noftre Dame fainte Marie,
Or [4] endroit eft de ci partie,
Gent maudite, mal enfeignée
Vraiement vous l'en avez cachiée
Vilenie trop grant feiftes
Quant apuiée la veïftes
Lez moi defus ce povre lit,
150 Quant un fiege par grant delit
Moult tres toft ne li aportaftes.
Pour ce que ne li aportaftes,
S'en eft ele fi toft partie.
He, las dolens ja en ma vie

1. Souvent fait le figne de la croix par admiration.
2. Infenfée.
3. Qui tout gouverne.
4. En cet inftant.

Ne verrai mais ſi bele choſe,
Fleur d'eſglantier, [1] ne fleur de roſe,
N'eſt pas ſi bele, ne ſi gente,
Si vermeille, ne ſi rouvente, [3]
Ne ſi clere come eſt ſa face.
160 He las dolent, ne ſai que face,
Quant je ſi toſt l'ai adirée, [4]
S'un pou euſſe remirée [5]
Sa clere face, & ſes clers yeux,
A tousjours mès m'en fuſt il mieux ;
Las, tant eſt plaine de biauté,
Que ſi n'avoit autre clarté
Em Paradis qu'en ſon cler vis
S'eſt-il trop clers, ce m'eſt avis.

1. Monet & autres Auteurs prétendent que c'eſt le roſier ſauvage ; mais c'eſt l'*Acanthus* des Latins, plante odoriférante d'Egypte, d'autant même qu'il s'eſt écrit Aclanthier.

2. Jolie, agréable.

3. Rouge, *rubeſcens*. Les anciens Poëtes n'évitoient point les pléonaſmes : vermeil & rouge ſignifient la même choſe.

4. Perdue de vue.

5. Admirée, conſidérée.

   De biauté nulle n'apareille,
170 Se ne fu mie grant merveille
   Se Deux sa mere endaigna fere.
   Tous li convens de ceste affere
   Esbahi font moult durement,
   Tuit li pluseur isnellement
   Vers le moustier s'en font fouis :
   Cil estoit or mors, or est vis,
   Or l'ont ressuscité, Deable,
   Li plus digne, li plus resnable ¹
   Sont entour lui tuit demouré,
180 Moult ont gemi, moult ont plouré
   Ainçois que raconté leur ait,
   Coment de son savoureux lait
   La mere Dieu l'avoit gari.
   De ce ne fussent esbahi ;
   Mes ce lor fist croire par force,
   Que le mal, & toute l'escorce ²
   Virent cheüe du visage.
   Onques mes nul de tel malage ³

1. Raisonnable.
2. Virent tomber du visage les écailles de la
lepre.   3. Maladie.

Si nettement ne fu garis,
190 Il meifmes fu efbahis
De ce qu'ainfi gari fe voit
Du grief malage qu'il avoit.
Ce dift chafcun, ce li eft vis 1
Qu'il a affez plus blanc le vis,
Plus biau, plus net & plus plaifant
Qu'onques n'avoit eu devant.
Moult hautement fonner 2 en firent
Et grant loenge au Dieu rendirent
Au Roy du Ciel & à fa mere.
200 Moult en amerent tuit li frere
Noftre Dame fainte Marie,
Et affez miex en fu fervie
De ceux qui ce miracle virent,
Et qui apres conter l'oïrent.
Et li moines qui fu garis,
Ne fu ne fox ne efbahis
Ains la fervi fi finement,
Que s'ame à fon definement,

1. Il lui femble ; & au Vers fuivant, vis
fignifie vifage.

2. Sonner les cloches.

Ot la grant joie qui ne fine.
210 Ha mere Dieu , tant par es fine,
Com i es douce , com i es piteuse,
Haute pucele glorieuse,
Haute mere au Roy de gloire
De ceus qui t'ont en lor memoire
Com i es toujours memoriaus
Haute Roine emperiaus,
Pucele pure & debonaire,
Com i est cuivers & de ma laire, 1
Com est de pute estraction,
220 Qui grant consideration
Ne met à remirer tes œuvres,
Si soutilement, & si bien œuvres,
Que de viez œuvres fés nouvelles.
Dame, tes mains par sont si belles,
Si savoureuses, si polies,
Qu'il n'est enfers 2 ce le menies, 3
Tant paoureus, ne plains de plaies,
Tout maintenant, se ne le laies, 4

1. Cuivert, méchant & de bas état.
2. Enfers, infirme, malade.
3. Manies, touche. 4. Si tu ne l'abandonne.
Dame

Dame tu a si polis dois,
230 Si biaus, si blans, & si adrois,
    Que ber fu nez 1 cui tu entouches,
    Tu fes nues 2 nez & nueves bou-
       ches,
    Nouviaus yeux, nouvelles oreilles,
    Dame tu fait tant de merveilles,
    Tout le mont fés esmerveillier;
    En Salerne, n'à Monpellier
    N'a si bone fisicienne,
    Tant soit bone medecienne,
    Tous ceus sanes 4 cui tu atouches.
240 Se j'avoie cent mille bouches,
    Et cinq cens ans à vivre avoies,
    Raconter mie ne porroies,
    Les grans merveilles que tu fais;
    Tu affaites 5 tous les deffais,

1. Fut né heureux.
2. Neuf, *novus*.
3. Médecine, *Medica*.
4. Rens sain; il vaut mieux que guérir qui vient de *curare*, avoir soin.
5. Rétablis.

Tu fais toutes les belles œuvres,
Messias [1] garis, & liepreus cuevres
Quanque tu fais, fais à delivre,
Messaus estains, [2] mors fais revivre,
Contrés relieves, [3] redresces.
250 Toutes tes loenges [4] sont belles
A toi loer, Pucelle monde [5]
Haute Dame par tout le monde
Fés tant de merveillans merveilles,
Que tous les sages esmerveilles ;
A toi servir & jour & nuit,
Pour Dieu, Seigneur, servons la
    nuit,
Et tempte [6] & tart devotement,
Nous ne savons com longuement,
Trop est l'atente perilleuse,
260 Car mors est si effectueuse,

1. Autre pléonasme ; messias, mesel, signifient lepreux.
2. Tu éteins la lepre.
3. Courbé, boiteux.
4. Il y a ainsi dans le manuscrit, mais il faut lire œuvres. 5. Pure. 6. Tôt.

Et ſi haſtive, qu'ele ſone
Aſſez ſouvent Complie & None,
La mors n'eſt mie drois reloge. 1
Pour ce conſeil, pour ce vous lo-je 2
Que nous nous haſtons de bien faire,
Tant ſomes tuit de povre afaire,
Que nous n'avons point de demain
En tant com on tourne ſa main
Eſt un fors homs mors & malades,
270 Nus n'eſt ſi fors, nus n'eſt ſi rades,
Que mors ne l'ait toſt acoiſié, 3
Nus n'y le cuer tant envoiſié, 4
S'a la 5 mort veut penſer à droit,
Triſte & dolent nel eſt lors droit. 6
Qui à la mort penſe ſouvent,
Pou puet priſier force & jouvent, 7

1. Horloge.
2. Pour ce vous excite, engage.
3. Rendu tranquille, ſans force.
4. Joyeux.
5. Si à la mort.
6. Qui ne ſoit triſte à l'inſtant.
7. Jeuneſſe.

H h ij

Qui le siecle aime trop & croit,
Couſtant eſcot ſus s'ame acroit. 1
Qui trop le croit, ja n'en jourra, 2
280 Qui tousjours penſe qu'il mourra,
Jeroiſme diſt en l'eſcripture, 3
Toſt deſpit toute creature,
Bien devons tuit douter la mort,
En traiſon les pluſeurs mort,
De ſa morſure nus neſchape,
Tel ſent tailler nouvelle chape, 4
Cui convient un viez ſuaire.
La mort en ſon viez breviaire,
Tous nous fera chanter vegilles,
290 Veillez, veillez, fet l'Evangilles, 5
Vous ne ſçavez le jour ne l'eure,
Que la mort vient qui tout deveure, 6

1. Met ſur ſon ame un écot bien coûteux, bien cher.

2. Jouira.   3. S. Jerôme.

4. Tel ſe fait faire un nouvel habit, qui a beſoin d'un ſuaire.

5. *Vigilate, quia neſcitis diem neque horam.*

6. Dévore.

Dormons, dormons Dex le nous
reuve, 1
S'en la fin du dormant 2 nous treuve,
Mors ſons en cors, mors ſons en
ame,
Trop dors li hons, trop dors la fame,
Qui à mortel pechié s'ahurte,
Tant que la mort vient qui le hurte,
Tant que mort vient qui ociſt l'ame
300 Se bien ſervomes noſtre Dame
A veillier ſi nous apenra,
La mort mordant ne nous panra,
Riche apreſure 3 & bone aprent
Cil qui à lui ſervir ſe prent ;
Car tant eſt franche & bien apriſe ;
Car ceus qui à amer l'ont priſe ;
En pou de tens tel apreſure
Qu'il heent toute mespreſure : 4

1. Nous prie, nous invite.
2. Sommeil.
3. Enſeignement.
4. Faute.

        L'anemi guille & ſorprent,
300 Et cis qui ce meſtier aprent ;
        Saint Eſpirs nos pechiez pardongne ;
        Et la ſeüe 1 amour ſi nous dongne.

    1. Seüe, ſienne.

Explicit.

VOCABULAIRE.

A.

Achoifon, occafion fujet, voyez combien il eft different de fa fource, *occafio*. Il fignifie auffi dans plufieurs manufcrits accufation, come

Achoifoner, fignifie accufer, contefter la propriété d'un bien, citer en juftice.

Aconter, raconter, narrer. verbe compofé, de notre verbe François conter, narrer, & qui furement a la même origiue que celui de compter, *computare*.

A efploit, à propos.

Afebloier, diminner, affoiblit, *ad flexibilem ftatum venire*, feble come je l'ai deja dit, vient de *flexibilis*, un mal qui s'affoiblit, diminue, ce mot eft employé en ce fens dans ce petit Ouvrage.

Afferer, convenir du verbe *afferre*. Il affiert, il convient, d'où notre mot *affaire*.

Affoler, bleffer, ravager, faire perdre l'efprit, detruire, perdre.

Age, eau, *aqua*, d'où notre expreffion je fuis tout en age, & non pas ; je fuis en nage, comme quelques-uns l'ont écrit.

Aie, aide, *adjutorium*, d'où notre exclamation lorfque quelqu'un nous fait mal, aie, aie, nous demandons aide & fecours.

Aige, eau, *aqua*.

Ainçois, mais, avant, plutôt, au contraire

Ains, a la même figification, d'où le mot aifné, *antè natus.*

Ajornant, le point du jour.

Ajorner, comencer à faire jour.

Aifl, fubjonctif du verbe aider, *adjuvet.*

Aive, eau, *aqua*, riviere, ce mot riviere ancienement étoit fort peu en ufage pour exprimer un fleuve. On difoit l'aige, l'aive de Seine, de Loire, fleuve de Seine, & de Loire, en Latin même dans les titres, *Aqua Ligeris*, *Aqua Sequana.*

Alofé, un home qui a grande réputation, qui s'eft acquis des louanges par fon merite.

On a le verbe *Alo er* pour fignifier donner des louanges.

Amaladir, tomber malade. Mot formé de *malum.*

Ambedeux, tous les deux, *ambo.*

Ambler, *Anbler*, voler, enlever, s'ambler, fe fouftraire, fe titer de la preffe, d'une compagnie.

Amender, profiter, fe retablir en bone fanté, augmenter, réparer, ameliorer, *emendare.*

Amont en haut, *ad montem*, aller à mont, monter.

Amonter, parvenir, augmenter, avancer, élever, cela ne vous amonte à rien, cela ne vous fert à rien.

Andels, *Andoi*, *Andui*, tous deux enfemble, *ambo.*

Anel, aneau, *annulus*, anelet *id.*

Angles, Anges, *Angeli.*

Angoiffe, chagrin, affliction, oppreffion, tribulation. *Anguftia.* Ce mot ne peut fe fuppléer dans notre Langue, non que plus l'adverbe.

Angoiffement

Angoisseusement, avec oppression, chagrin.

Angoisser, presser vivement, persécuter.

Aorer, *Aourer*, prier & adorer, *orare*, *adorare*.

Apeleor, demandeur, accusateur, plaignant. *Appellator*.

Appareillier, préparer, disposer, *parare*, dont on a fait ce composé.

Araisner, *Aresner*, *Aresnier*, porter la parole à quelqu'un, lui parler, l'instruire. Composé du verbe *ratiocinari*.

Arester, accuser, croire quelqu'un coupable, du verbe *reri*. Voyez Rester.

Arouter, conduire, acompagner, se mettre en chemin, du mot route fait de *ruptum*, participe du verbe *rumpere*.

Ator, *Atour*, équipage, train, ornemens, parures.

Atorner, *Atourner*, parer, arranger, orner, *Adornare*.

A val, en bas, *ad vallem*.

Avaler, descendre. Pourquoi n'avons nous plus ce mot, & pourquoi avons nous plutôt celui de monter? L'un vient de *vallis*, l'autre de *mons*. Je dirai de même du mot ascendre que nous avions ancienement, qui valoit bien descendre, d'autant plus que par une bigearerie étrange, nous faisons soner haut le mot *Ascendant*.

Audaarain, *Audaerein*, au dernier, à la fin, en fin.

Avenant, agréable, affable, du verbe *advenire*.

Averas, auras, *habebis*.

Avereté, avarice.

Avers, avare, *avarus.*

Aviſer, apercevoir.

Aumator. Voyez la pag. 154.

Aün, être à un, d'intelligence, être reuni, de même avis & ſentiment.

Aüner, reunir, *adunare.*

Auques, alors, en ce moment, aucuns, quelqu'uns.

Autel, *Autex*, tel, pareil, ſemblable. Ils ſont auſſi adverbes, pareillement, ſemblablement.

Autre-tel, même ſignification, ſoit adjectif, ſoit adverbe.

Ax, eux.

B.

BAcheler, Bichelier, un jeune home, un home qui n'a point d'état, quel qu'il ſoit, & qui y aſpire de *Bacca.*

Baillie, ſoin, adminiſtration, gouvernement, tutelle, curatelle.

Bareter, tromper.

Beax, beau,

Bedeax, Bedel, archer, crieur public.

Beveor, buveur.

Boban, pompe, faſte, *pompa.*

Bois die, fineſſe, ruſe. Voyez voiſdie.

Bouter, mettre, pouſſer, du verbe. *pulſare.*

Briçon, ſot, mechant, mauvais ſujet, mauvais garnement.

C.

CAiens, céans, *hic intus.*

Ceſtui, celui-là, celui-ci.

Chaïr, tomber, *cadere.*

Chaitis, *Chetis*, malheureux infortuné, *captivus*.

Chalanger, difputer, calomnier; *Calumniari.*

Chalt, il ne me chalt, il ne m'importe; de *calere.*

Chamberlan, Chambrier, Camerier, valet de chambre. *Camerarius.*

Chapel, chapeau, *caput.*

Charme, fortilege, *carmen.*

Charer, tomber, *cadere.*

Chartre, prifon, *carcer.*

Chaftoier, correction, avis, inftruction, corriger, inftruire, *caftigare.*

Chaut, il me chaut, il m'importe. Voyez Chalt.

Chevax, chevaux, *caballi.*

Chief, *Chiez*, bouts, extrémités, chef.

Chiere, vifage, mine, reception.

Cimentire, cimetiere.

Cointe, prudent, fage, avifé, rufé, agreable, doux, poli.

Cointement, a ces fignifications adverbialement.

Cointie, *Cointix*, id.

Comand, *Comant*, comande; comandement.

Comander, doner en garde.

Comandife, depôt.

Communalment, univerfelement, publiquement, enfemble, avec.

Comparer, être puni, ou recompenfé, paier.

Compains, compagnon, *compagine.*

Conchier, tromper, furprendre.

Confermer, affurer, *confirmare.*

Conoitre, avouer, declarer, reveler, convenir d'une chofe.

Conquester, gagner, acquerir, du verbe *acquirere, acquisitum*.

Cenroi, provision, foin.

Confelt, conseille, aide, *adjuvet*.

Confulat, au subjonctif.

Conseiller, aider.

Contre mont, en haut, *contra montem*.

Contreval, en bas, *contra vallem*.

Corage, *Coraige*, resolution, envie, deffein, volonté, pensée, esprit. S. Bernard a dit bernil corage, pour *virilis animus*.

Cornées, les coins de quelque chose que ce soit.

Corpe, faute, colpe, coulpe, *culpa*.

Coster, couter, *constare*.

Covine, état, situation, projets, préparatifs, dispositions.

Creanter, promettre, s'engager.

Cremer,
Crembir.
Criembre. } craindre, *tremere*.
Criemer,

Cremor, *Crimor*, crainte, *tremor*.

Cuider, penser s'imaginer, préfumer, de *quidam*. Voyez Quider.

D.

DAme-Dé, *Dame-Dieu*, *Dame-Diex*, Seigneur Dieu, *Dominus Deus*.

Damoisel, jeune gentilhome. *Domicellus*, Damoiselle, *Domicella*.

Dangier, obstacle, difficulté, empêchement.

Dé, Dieu.

De, pour que, il est plus beau de toi, plus beau que toi.

De chief en chief, d'un bout à l'autre, du comencement à la fin.

Deduire, se deduire, s'amuser, se distraire du travail, du chagrin, se rejouir, *deducere.*

Deduit, plaisir, amusement, récréation.

Deduistrent, se recréerent, se distrairent, *deduxerunt.*

Desermer, ouvrir.

Defaire, Defere, tuer, punir de mort. Livrer à destruire, livrer à la mort.

De-si, certainement, par ma foi.

Definer, finir, terminer, mourir.

De fors, dehors, *foras.*

Degaster, ravager, detruire, *devastare.*

Degeter, rejetter, renverser.

Deguerpir, abandoner, laisser, quiter, séparer, *discerpere.*

Dehait, Dehet, peine, chagrin, abatement, inquietude, incommodité.

Dejoste, auprès, à côté, *juxta.*

Delit, crime, *delictum.*

Deit, plaisir, *delectamentum.*

Deliter, se plaire, se rejouir, *delectari.*

Dementer, se chagriner, se plaindre, lamenter.

Departir, separer, doner, distribuer.

Derrain, dernier.

Desachier, tirer, agiter, tirer en agitant.

Descombrer, débarrasser.

Deservir, meriter, gagner, obtenir.

Deshireter, desheriter, priver quelqu'un de son bien, le banir, le rejetter.

Desjogler, faire cesser quelqu'un de railler, lui en ôter l'envie, le sujet.

Desirier, substantif *desir.*

Desirrox, desireux, nous n'avons plus ce mot, il faut periphraser.

Desloier, deslier.

Despendre, emploier, depenser, dissiper, *dispendere*.

Despiter, faire peu de cas, de *despectum*, participe de *despicere*.

Desquant, depuis quand.

Desrier, derriere, de *retro*.

Desriver, sortir des bornes, des rives, deborder, de *rivus*.

Desseurer, séparer, délier, *separare*.

Desver, être fol, extravagant, sortir du bon sens, *deviare*.

Desverie, folie, extravagance.

Detort, (être) tourmenté, pressé, persecuté, violenté.

Devier, sortir de la voie, être égaré, *deviare*.

Devier, mourir, *de vita egredi*.

Digner, disner, repas meridien, ainsi nomé d'une priere que l'on faisoit avant, commençant par ces mots, *Dignare Domine*.

Diva, Dame, espéce d'exclamation.

Doere, douaire, avantage fait par le mari à la femme, par le contract de mariage.

Doi, deux, *duo*, doigt, *digitus*.

Dolz, doux, *dulcis*.

Dout, d'où, *unde*.

Douter, craindre, être incredule.

Doute, crainte.

Douteux, craintif, & à craindre.

Dras, habits.

Dru, amant, galand.

Druërie, galanterie, amour.

Dueil, chagrin, tristesse.

Dueiller, se chagriner, être triste, *dolere*.

Dui, deux, *duo*.

Durement, fortement, considérablement.

Du-tot, *du-tout*, entierement.

E.

Effraer, effrayer, d'*infringere*, *frangere*,
Effreement, avec effroi.

El, dedans, au contraire, autre chose, autrement, aussi.

Els, yeux, *oculi*.

Embattre, fourier, précipiter, jetter avec violence.

Embler, voler, enlever.

Empirier, devenir méchant, être en mauvais état.

Emprés, après, *post*, auprès, *propè*.

Einçois, *Ençois*, *Einsois*, mais, au contraire, avant, plutôt.

Enchapé, vêtu d'une chape.

Encliner, saluer, en se baissant, *inclinare*.

Encombrer, embarrasser.

Encombrier, embarras.

Encombrement, embarras.

Encuser, accuser.

Enfermeté, infirmité.

Enfermerie, infirmerie.

Enfers, infirme.

Enfès, enfant.

Enfoir, s'enfuir, prendre la fuite, *effugere*.

Enfoir, cacher, *infodere*.

Engig, *Engin*, *Engien*, *ingenium*, se disoit toujours en mauvaise part, pour ruse, tromperie.

Engener, Engignier, tromper.

Engignoison, tromperie.

Engoisser, presser vivement, tourmenter.

Enhalt, (parler) à voix haute.

Enmaladir, tomber malade.

Ennorer, honorer.

Enpres, voyez Emprés.

En recoi, en cachette, en secret, à part, particulierement.

Ensement, aussi, pareillement.

Entente, attention, application, intention, volonté, affection.

Entor, environ, autour, proche.

Entrax, entre eux.

Entretant, cependant, pendant ce temps-là, dans ces entrefaites.

Envanir, évanouir, disparoître, devenir à rien.

Erangier, estropié.

Errant, à l'instant, promptement, à grands pas.

Errament, de même, Erraument.

Errer, marcher, agir.

Ere, Erent, Ert, il étoit, ils étoient, il sera, ils seront.

Esbahir, s'étoner.

Esbanoi, Esbanoiement, plaisir, dissipation, rejouissance.

Esbanoier, se rejouir, se dissiper.

Esbatement, come esbanoi.

Esbatre, come esbanoier.

Eschamel, escabelle, siege.

Esconcer, se cacher, enfoncer.

Escordéement, du fond du cœur.

Esglantier rosier.

Esperdre, étoner, déconcerter.

Esperdu,

Esperdu, étoné, déconcerté.

Esprendre, enflammer, embrazer.

Espris, enflammé, embrazé.

Esprouver, substantif, épreuve, expérience.

Esprouvement, id.

Esgaré, hors de lui-même, *ex via.*

Essillier, ravager, blesser, banir.

Estivos, voici.

Ester, subsister, être, *stare.*

Estoier, serrer, garder, cacher.

Estordisons, étourdissemens.

Estraindre, serrer, presser, *stringere.*

Estrangement, extraordinairement.

Estris, dispute, altercation, combat, querelle.

Estrument, instruction.

Estuide, étude, application.

Estut, il convint.

Estut, il subsista, *stetit.*

Eve, eau, riviere. Voyez *Aive.*

F.

*F**Ableor*, *Fablieres*, *Fabloieres*, qui recite des contes, narrateur.

Fains, feint, dissimulé.

Faintement, avec dissimulation.

Faire que sage, agir prudemment.

Faintemens, adroitement, avec prudence.

Falir, manquer, *fallere.*

Falt, il manque, *fallit.*

Fax, faux, fol.

Felonie, cruauté, trahison.

Fi, foi, *fides.*

Finer, cesser, mourir.

Fiſicien, médecin, conſultans.

Foloier, ſe conduire mal, libertiner.

Forches, fourches patibulaires.

Fortes, *Forches*, grands ciſeaux de Tailleurs, de Jardiniers, Tondeurs de drap & de moutons.

Forment, froment, & l'adverbe forrement, grandement.

Fors, fort, *fortis*.

Fors, dehors, *foràs*.

Forschacier, banir.

Forvoier, s'égarer, agir mal, *foras ex via*.

Froncher, fermer les yeux, ronfler en dormant.

Fuer, dehors, *foràs*.

Fuer, occaſion, prix; à nul fuer, en aucune occaſion, pour quelque prix que ce ſoit.

Fuiſiciens, médecins.

Fuet, du verbe fuet, *fodere*, fouiller, cacher.

G.

G Abs, *Gas*, *Gabois*, raillerie.

Gaber, railler.

Gaitier, veiller. Il eſt auſſi ſubſtantif, veille.

Gaolier, geolier, garde des priſons, de *cavea*, *caveolus*.

Garir, preſerver, ſoigner, guerir, garantir.

Garras, gueriras, garantiras.

Garnir, inſtruire, enſeigner, à prendre garde; être garni, être inſtruit, prendre garde.

Gaſtere, diſſipateur, *vaſtator*.

Gehir, avouer, confeſſer, declarer.

Geline, poulle, *gallina*.

Gent, gens, *gentes*, peuples, nations.

Gent, joli, agréable.

Gentement, agréablement.

Gerper, abandoner, laisser, quitter, renoncer.

Gesir, coucher.

Giter, jetter, précipiter.

Gorpis, goupil, goupis, verpil, vourpil, vourpis, Renard, *vulpes*.

Graindre, *Greindre*, plus grand.

Granter, promettre, creanter.

Graveles, sable de la mer & de riviere.

Gualine, geline, poulle.

Guerdoner, récompenser.

Guerpir, voyez *Gerper*.

H.

HAITIÉ gai, joieux, *hilaris*.

Hergneux malade de hernie, de descente de boyaur, différent d'argneux, querelleur.

Hucher, *Huer*, crier, appeller, *vocare*.

Hus, cri.

Hus, porte, *ostium*.

J.

JA, déja, jadis, autrefois, jamais, pas.

Jagonce. On ne trouve ce mot que dans le supplément au Dictionaire de Trevoux, où il est dit simplement, que c'est une espece de pierre précieuse. Guillaume Osmont dans son Lapidaire, c'est-à-dire dans son Traité sur toutes les pierres précieuses, écrit dans le 13. siecle, manuscrit de l'Eglise de Paris, coté M. N°. 18. *in-folio*, à la Bibliotheque Royale sous le même N°. nous apprend que c'est une es-

pece de grenat, & en explique toutes les pro-
priétés. Il dit :

> De jagonce grenas de farde,
>
> Avons pris en la Bible garde ;
>
> Des douze pierres eſt leüis [1]
>
> De Dieu eſt premiers eſleüis.
>
> Voir en dirons ſans contredit,
>
> Si com l'auctoritez lou dit,
>
> A cui cis romans s'appareille, [2]
>
> Saingle, [3] coulor gentil merveille.

Ite, cela.
Illec, *Iluec*, iluecques, là, *illuc*.
Joiax, *Joiaus*, *Joiox*, joieux, *gaudens*
Joiſe, jugement.
Joſtiſe, Juſtice, & Juges.
Jouvenceax, jouvencel, jeune home.
Jouvente, jeuneſſe, *Juventus*.
Iſnel, prompt, actif.
Iſnelement, promptement.

[1]. Lu, *legitur*.

[2]. Il dit que ſon Ouvrage eſt conforme à
l'Ecriture ſainte d'où il a tiré ce qu'il dit du
jagonce.

[3]. *Saing'e*, ſimple, *ſingula*. Il dit par là que
ſa couleur eſt d'un rouge non foncé. L'Auteur
ajoûte que ceux qui portent cette pierre ſont
préſervés de tous accidens, & ſont bien reçus
par-tout.

Issi, ainsi.

Issir, sortir, *exire*, *Ist*, sort, *exit.*

Itel, tel, semblable, & adverbe tellement, semblablement.

Ivernage, hiver, bled qui reste en terre tout l'hiver.

Juise, jugemen.

L.

*L*Aiens, *Leens*, là dedans, *illic intus.*

Larmer, pleurer, *lachrimari.*

La sus, la haut, *illic sur sum.*

Lealment, fidelement, selon la Loi.

Lé, large, côté, *latus.*

Lées, larges, *lata.*

Lecheor, *Lechere*, *Lechiere*. parasite, gourmand, friant, libertin, qui aime les femmes.

Ledenger, ledanger, gronder, injurier, insulter.

Ledure, injure,

Leens, voyez *Laiens*.

Legier, facile.

Legierement, facilement.

L'en, on.

Lerre, larron, *latro.*

Lermer, pleurer.

Leu, lieu, *locus*, loup, *lupus.*

Leü, on a leü, *lectum est.*

Lice, femelle de quelqu'animal que ce soit, ici une chienne.

Lié, joieux, *latus.*

Liement, joieusement.

Liépard, Leopard.

Lierres, Larron.

Liſſe, petite chienne, d'où le nom de Liſette doné à des petites chiennes.

Loer, approuver, vanter, préconiſer.

Loial, *loiax*, fidele, ſelon la Loi.

Loialement, fidelement.

Loiauté, fidelité.

Loier, lier, récompenſe.

Loſenge, careſſes, flateries.

Loſenger, careſſer, flater.

Lues, a l'inſtant, *ſtatim*.

M.

MAiner, mener, *minare*.

Mains, moins, *minus*.

Mainſné, puiſné, *minus natus*.

Mains, demeure, *manet*.

Maiſtrie, Seigneurie, comandement, ſupériorité, habileté.

Mal male, mauvais, mauvaiſe, *malus*.

Malage, maladie.

Mal artouſe, de mauvais caractere, ruſée, fourbe, trompeuſe.

Mal art, ruſe, fourberie, tromperie.

Mal bailli, mal traité, en mauvais état, mal gouverné.

Mal enarte, voyez *mal artouſe*.

Maltalent, dépit, mauvaiſe volonté.

Mambrer, *Membrer*, ſe reſſouvenir.

Manans, *Manant*, ſignifie bien, habitant, *manens*, mais dans cet Ouvrage, ce mot ſignifie, puiſſamment riche, qui regorge de biens, *manans*, de *manere*.

Manantiſe, richeſſes.

Mander, envoyer, *mandare*.

Maner, mener, *minare.*

Manoir, demeurer, & demeure.

Mant, mande, *mandat*, & mandement, *mandatum.*

Mar, grand, & mal.

Marrement, affliction, tristesse.

Meins, moins, demeure, *minus* & *manet.*

Membrer, se ressouvenir.

Menoir, demeurer, demeure.

Menoit, *manebat*, demeuroit.

Menans, menant & menandise, voyez *Manans.*

Mercier, remercier.

Mes, mon, *mes*, mal.

Meschin, jeune garçon.

Meschine, jeune fille.

Mescroire, se deffier, soupçonner.

Mestier, besoin, nécessaire, service ; le mestier Dieu, service de Dieu.

Mie, pas, point.

Miez, mieux & miel.

Moie, ma mienne, cas, monceau.

Moillier, femme, *mulier.*

Moniage, monachal.

Monongle, estropié des doigts.

Moftier, *Monftier*, Eglise.

Moftrer, montrer.

Moult, *multum*, beaucoup.

Mucer, cacher, *amicire.*

Muer, changer, *mutare.*

Muet, de mouvoir, *movet.*

Murdrir, tuer.

Musart, fol, étourdi, de mauvaise vie.

N.

NEnil, non.

Neporquant, cependant, malgré cela.

Nequedent, néanmoins.

Nés, navires, ne les.

Netant, *Nequant*, en aucune façon.

Niant, *Nient*, néant, nullement, non.

Noer, nager, *natare*, nouer, *nodare*.

Noient, néant.

Noise, ne signifie pas seulement querelle, dispute, mais quelque bruit que ce soit, des cloches, des instrumens &c.

Nonain, Religieuse, *Monialis*.

Noncer, faire sçavoir, *nuntiare*.

Nului, persone, nul.

O.

O avec.

Ocire, tuer, *occidere*.

Oent, *audiunt*, oient.

Oes, avantage, profit, à oes, à souhait, *ad votum*.

Oes, oye, *anser*.

Oïl, oui.

Oil, œil, *oculus*.

Oiseax, oiseaux.

Om, *On*, *Ons*, home.

Onorer, honorer.

Onques, jamais, *unquam*.

Orine, origine, urine.

Oroison, priere, pelerinage.

Ors, ours, *ursus*.

Ors, sale, *horridus*.

Ort, sale.

Ostraige,

Ostraige, outrage, *ultra agere.*
Ot, eut, entendit.
Ovec, avec.
Ouraigne, lire *Ouraigne*, ouvrage, *opus.*
Ouraigne Dieu, *opera Dei.*

P,

PAnre, prendre, *apprehendere.*
Paor, peur, crainte, *pavor.*
Par est le *très* des Latins, pour exprimer le superlatif.
Pardurable, éternel.
Parler soef, parler bas.
Parmi, moïenant, au milieu, à travers, par le moien.
Paroler, parler; *parabola.*
Partant, pour cela, par cette raison.
Pel, peau, *pellis.*
Peneance, pénitence.
Penet, un petit pain, un gâteau.
Pense, pensée.
Pere, Pierre, *Petrus.*
Petit, *Petitet*, un peu.
Pieça, piece, a, il y a longtemps;
Piment, vin rouge.
Pis, poitrine, *pectus.*
Plenté, abondance.
Plusors, plusieurs.
Porchacier, *Pourchassier*, s'intriguer, pour- suivre, chercher.
Porpens, *Pourpens*, reflexion, prémédita- tion, projets.
Porpenser, préméditer, reflechir, projetter.
Pot, pût, peut, *potest*, *potuit.*
Pouerte, pauvreté.

L l

Pourpris, enceinte, dépendances, clos.
Pox, poux artere, *pulsus.*
Pramettre, promettre.
Preudons, home agé, qui a de l'expérience,
bone conduite, pere de famille, maître d'une
maison, conducteur.
Primes, d'abord, en premier lieu.
Privé, ami particulier.
Privément, en secret, en particulier.
Procession, affluence de monde.
Proier, priser.
Pute, vilaine, infame.

Q.

Q*Vanque*, tout ce que.
Querir, il vaut mille fois mieux que
chercher.
Quider, s'imaginer, présumer.
Quitte, libre, *quietus.*

R.

R*Ai*, raion, ombre, *radius.*
Raençon, remission, rachapt, *redemtio.*
Ramembrance, ressouvenir.
Ramembrer, se ressouvenir,
Ramposner, gronder, quereller, railler, in-
sulter.
Realme, royaume.
Recovrer, récupérer.
Rée de miel, raion de miel, *favus mellis.*
Remaindre, rester, demeurer, *remanere.*
Remanant, restant, restes.
Remembrance & remembrer. Voyez *Ramem-
brer.*

Remés resté, *remansus.*

Remirer, regarder, admirer, examiner.

Renomer, nomer uue seconde fois, *iterum nominare.*

Repit, proverbe.

Repairer, *Repairier*, retourner, revenir. Il est aussi substantif, retour.

Reperier, idem,

Reprovier, proverbe.

Respit, proverbe.

Rester, accuser, soupçoner, *reri.*

Richeté, richesses.

Riens, chose, *res.*

Robeors, voleurs.

Roigle, rouille, *œrugo.*

S.

SAchel, sac.

Sacher, *Sachier*, *Saichier*, tirer, agiter par secousses.

Sage, *Saige*, sçavant & sage.

Sael, *Seel*, *Saiel*, sceau, *sigillum* & *situla.*

Saillir, sus, s'élever.

Same, lire s'ame, son ame.

Savoir mon, c'est *numquid* des Latins.

Sçavoir, sagesse.

Sautneille, lauterelle, *locusta.*

Secor, *Secors*, *Secort*, secours, & au subjonctif, *succurrat.*

Sel, lire *S'el*, & le,

Sels, seuls, *soli.*

Selt, a coutume, *solet.*

Semblant, mine, figure

Sente, sentiers, *semita.*

Sergans, *Serjans*, serviteurs, *servientes.*

L l ij

Ses, son sa, ses, & les.
S'esmaire, s'étoner.
S'esperdre, s'étoner.
Seu, sureau arbrisseau, *sambucus.*
Si, son, sa, ses.
Siecle, le monde.
Si fait, de cette façon.
Sœf, doucement, agréablement, *suaviter.*
Sofferrir, souffrir.
Soi, lire s'oï, & entendit.
Soi, soif, *sitis.*
Soloit, souloit, avoit coutume, *solebat.*
Sorprendre, surprendre.
Sos, sous, sur, & sot.
Sorsist, du verbe sourdre.
Surgere, *surrexisset.*
Sot, *Sçût*, entendit.
Soudouisson, seduction.
Souavet, suavement, *suaviter.*
Sus, en haut, *sursum.*

T.

T'Alent, envie, volonté, desir. Venir à talent, plaire, agréer, avoir envie.
Talent de dormir, envie de dormir.
Talevas & *Tallevas*. C'est un bouclier fort grand & rond.
Tant nequant, en nule façon.
Tantque, jusqu'à.
Tantet, *Tantinet*, un peu.
Targier, tarder.
Teignox, teigneux, *à tinea.*
Ti, Ton, ta, tes.
Tolir, enlever *tollere*, abolir.

I I j

Tolt, enleve, ôte, abolit.

Toneax, toneaux.

Tort, tortu de *torquere*.

Toz, tous, toutes.

Traire à chief, venir à bout, parvenir, confommer.

Tramettre, , envoier, *tranfmittere*.

Trefbucher, précipiter.

Trefc'a, *Trefqu'a*, jufqu'à.

Trefpas, paffage, tranfgreffion, violement e s loix, traverfe.

Trefpaffer, traverfer, tranfgreffer, violer.

Treftoz, tous en général.

Trouvere, celui qui trouve quelque chofe de perdu.

Truille, bourde, menfonge,

Truiller, , mentir, tromper.

Tu, toi.

Tuit, tous, *toti*.

V.

*V**Ait*, va, *vadit*.

Vaillans, outre qu'il fignifie *valens*, il fignifie encore vigilant, actif, *vigilans*. On difoit dans les douzieme & treizieme fiecles vaille pour veille, *vigilia,* On trouve dans les Sermons de S. Bernard fol. 29. Li premiere *vaille* eft li droiture de l'oyvre. *Prima* vigilia *eft rectitudo operis.*

Valt, vaut, & veut, voulut.

Valet, *Varlet*, *Vaffal*. C'eft un jeune home qui eft fubordoné ; diminutif de *vir*.

Veel, veau, *vitulus*.

Veer, deffendre.

Veil, volonté
Veil, œil, *oculus.*
Veloux, velours.
Vels, veux tu.
Velt, veut.
Versesierres, Poëte.
Verté, verité,
Vezié, *Vezieux*, fin rusé, *versutus.*
Vez moicy, me voici.
Vias, donc, *igitur* des Latins.
Vielt, veut.
Voir, vrai, *Verum.*
Voisdie, tromperie, ruse, *versutia.*
Volt, *Voult*, veut, a voulu.
Volt, *Voult*, visage, *vultus.*
Vorrent, voulurent, *voluerunt.*
Vosist, auroit voulu, *voluisset.*
Vis, visage, *visus.*
Vis, vil abject, *visus.*
Vis, vivant, *vivus.*
Vis, il m'est vis, il me semble, *mihi visum est.*
Vis, porte, *ostium.*
Vs, porte, *ostium.*

FIN.

ERRATA.

Page 23. vers 3. *lifez* quant riens, en deux mots. Lorfque je ne fçais rien de leur deffein , de leur projet.

Poge 55. lig. 1. *lif.* le mari fut tout furpris.

Page 56. vers 1. *lif.* la Dame-Dieu , fans virgule entre ces deux mots, qui font le *Dominus Deus* des Latins.

Page 78. vers 14. celé , *lif.* célée.

Page 80. penultieme vers l'or, *lif.* lor , fans apoftrophe. Et je leur ferai voir doucement, évidemment.

Page 88. note premiere , invoque , *lif.* invoquer.

Page 102. vers penultieme , il doit être ainfi :
Rendon ceft avoir à bon gré.

Page 118. vers 10. Se povie : *lif.* Se povoie l'eure favoir. Si je pouvois fçavoir l'heure.

Page 123, Le dernier vers doit être ainfi :
Selonc la moie ententioa.
Suivant mon avis.

Page 133. vers 5. maifou , *lif.* maifon.

Page 149. vers 13, Du Filofofe , *lif.* D'un Filolofe.

Page 163. note 2. *lif.* vins de Brie , & non des vins de Brie , fupprimer l'article des.

Page 199. ligne 4. criez , *lif,* crier.

Page 240. vers 10. de ma laire , *lif.* de mal aire , deux mots,

Page 243. vers 272. nus n'y , *lif.* nus n'a.

Page 250. Boifdie n'eft qu'un mot.

Page 253. ligne 21. deir , *lif.* delir,

Page 234. ligne 29. dout , *lif.* donc.